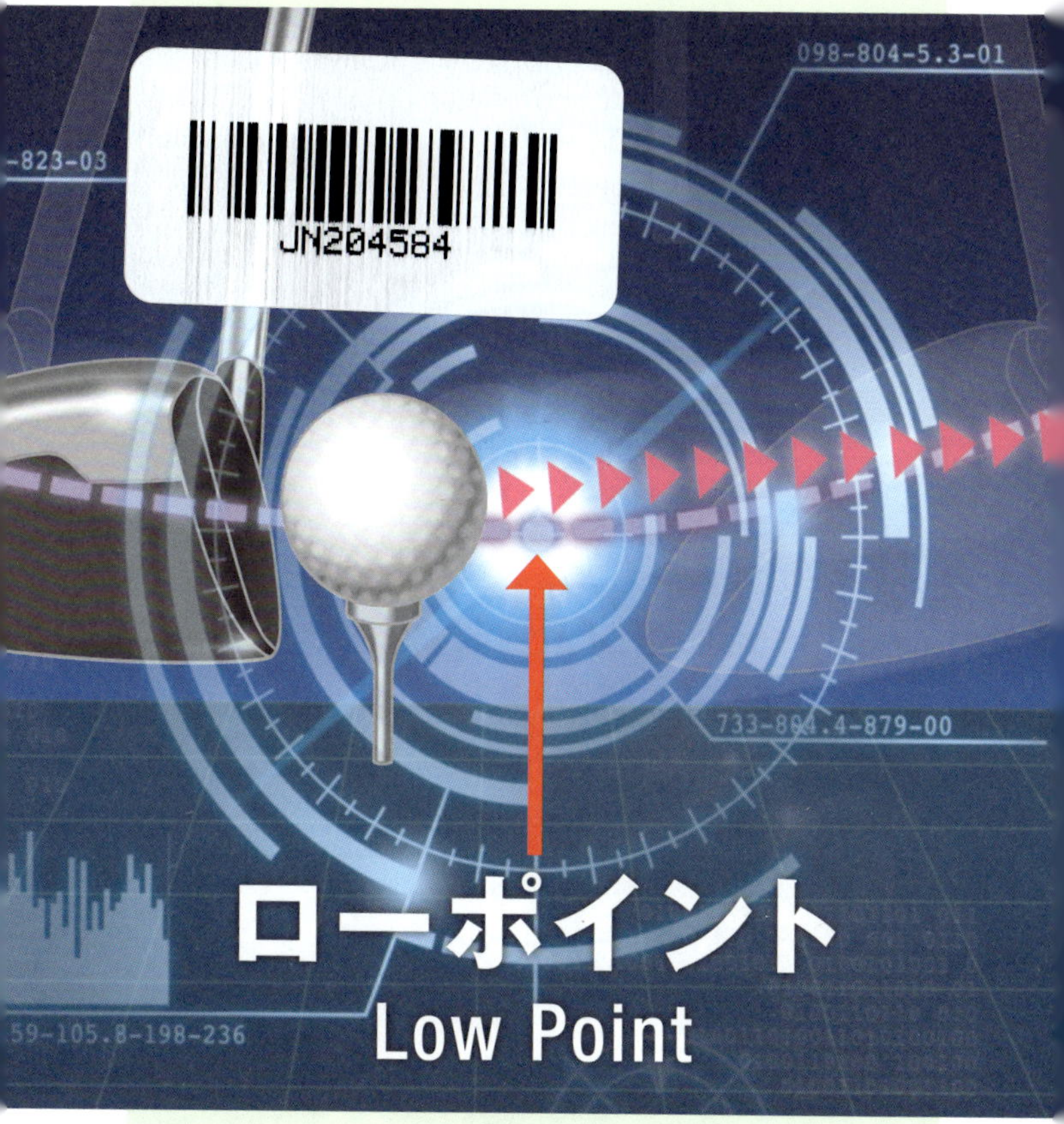

ローポイントが
一定になるスイングなら
ショットの精度が
飛躍的に高まる

ローポイントが一定になれば「打ち出し方向」「スピン軸」「打ち出し角」「スピン量」が安定する

ローポイントは、ヘッド軌道の最下点。
これを一定にするスイングを身につければ
ショットの打ち出し方向、曲がり方、
曲がり幅、打ち出し角、スピン量、
そして距離が安定する。
なぜならば、インパクトが最適化して
再現性が飛躍的に高まるからだ。

インパクトがローポイントの後なら

**アッパーブロー&アウトサイド・インで
高いフェードボールが打てる**

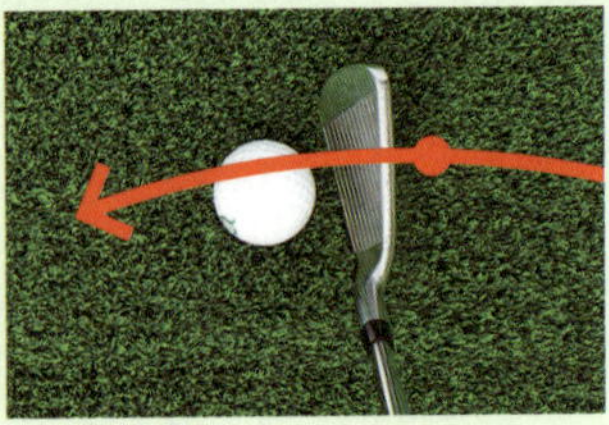

ローポイントの通過後にボールを打てば、入射角はアッパーブローで、軌道（クラブパス）はアウトサイド・インのインパクトがつくれる。その結果は、ロフトが寝て打ち出しが高めになり、スピン量が減る。打ち出しは左になり、フェースの向きが適切ならばフェードボールになる。

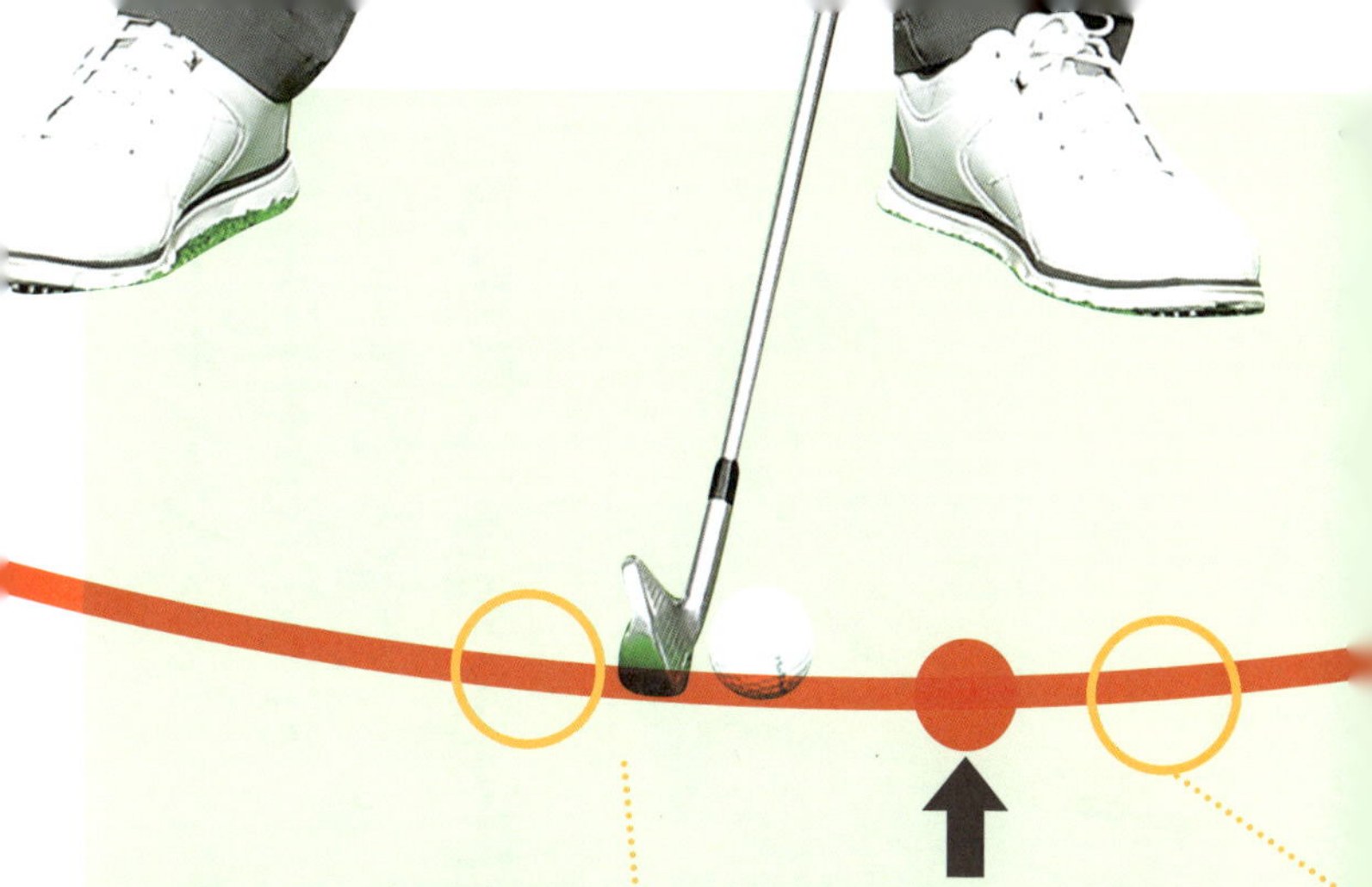

ここがローポイント！

インパクトがローポイントの前なら

**ダウンブロー&インサイド・アウトで
低いドローボールが打てる**

ローポイントの手前にあるボールを打てば、入射角はダウンブローで、軌道（クラブパス）はインサイド・アウトのインパクトがつくれる。その結果は、ロフトが立って打ち出しは低く、ややスピン量が多くなる。打ち出しは右になり、フェースの向きが適切ならばドローボールになる。

ローポイントを一定にするために頭を動かさず体重配分を変えずに振る

では、いつも同じローポイントをつくるにはどうすればいいか。

ローポイントはほぼ左肩の内側の真下になる。

ここを一定にするには、切り返しで左足80％、右足20％の体重配分をつくり、そのままキープするつもりで振り抜く。

結果的に頭の位置が変わらないスイングになる。

切り返しで8対2の重心配分をつくり そのまま振り抜く

アメリカではローポイントを安定させるために、軸のブレが少なく、なおかつスイングプレーンの向きをニュートラルにするカラダの使い方を追求したスイング理論が主流になっている。ここで紹介したいのは体重移動についての新しい考えだ。ローポイントは、体重配分が左足8対右足2のときに、左肩内側の真下（＝右足内側）に来る。ここで安定させるには、頭の位置を変えないこと。切り返しで8対2の体重配分をつくり、振り抜くまで変えない、という動きである。

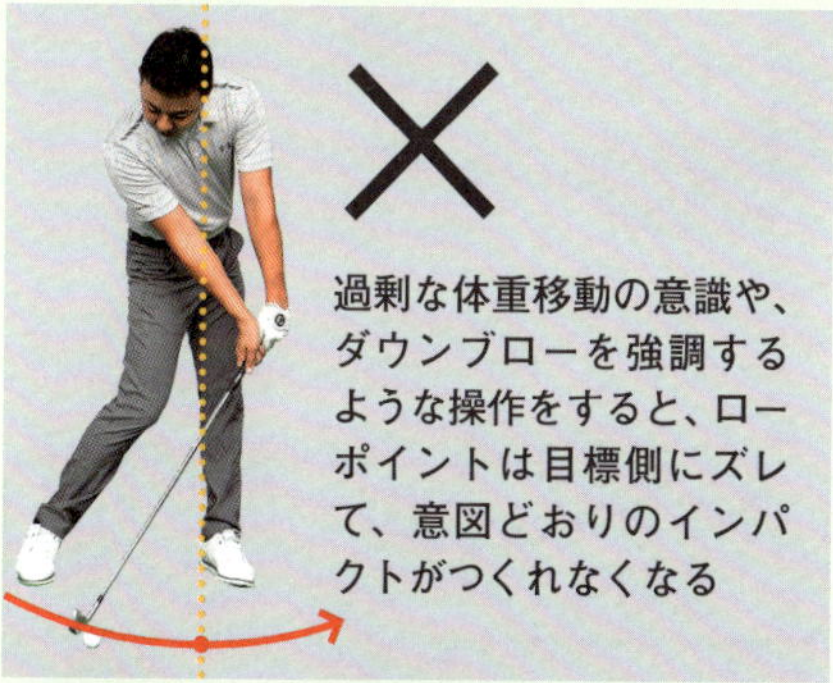

過剰な体重移動の意識や、ダウンブローを強調するような操作をすると、ローポイントは目標側にズレて、意図どおりのインパクトがつくれなくなる

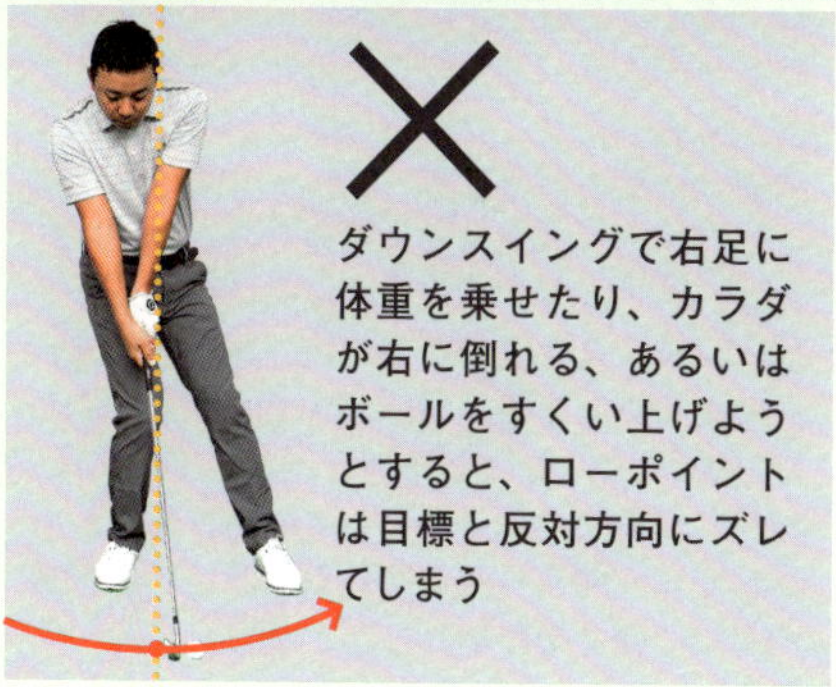

ダウンスイングで右足に体重を乗せたり、カラダが右に倒れる、あるいはボールをすくい上げようとすると、ローポイントは目標と反対方向にズレてしまう

軌道に対してフェースがスクエアであり続ければ結果がそろってくる

手首をロールさせないリリースが最新スイングのキーポイント

ローポイントが一定になればインパクトへの軌道がそろう。つまり入射角とクラブパスが安定する。だが、フェース向きがバラバラならば、結果も散らばる。フェース向きこそが主に打ち出し方向を決めるからだ。必要なことは、スイングアーク（プレーン）に対してフェースがスクエアであり続けること。それを追求すると手首をロールさせない動きにたどり着く。ローポイントさえそろっていれば、多少フェースの向きがブレても、打ち出し方向の変化と曲がり幅の変化が相殺し、着弾地点としてはあまり変わらなくなる。

ローポイントが安定し、
インパクトの入射角と
軌道（クラブパス）がそろってくると、
打球に影響する残された要素は
フェースの向き。
これが安定すれば、打球はそろう。
具体的には軌道に対して
スクエアを保てばいい。

「ハンズイン（手を円軌道で動かす）」でヘッドを誘導し軌道を左右対称にしてクラブパスを安定させる

テークバック、
切り返し、
フォローのすべてで
手を円軌道で
動かす（ハンズイン）。
つまり「真っすぐ」の
動きはない

ローポイントを安定させるにも、
それをコントロール
（左右にズラす）するにも、
基本的なスイングプレーンを
左右対称にしておくほうが
効率がいい。そのためには
手を円軌道でカラダの近くを
通すように動かす（ハンズイン）。
スイング軌道は左右対称になり、
ローポイントでクラブパスは
目標に向く。

上げる軌道と振り抜く軌道を同一面にするため ハンズインして手とカラダの距離を一定に保つ

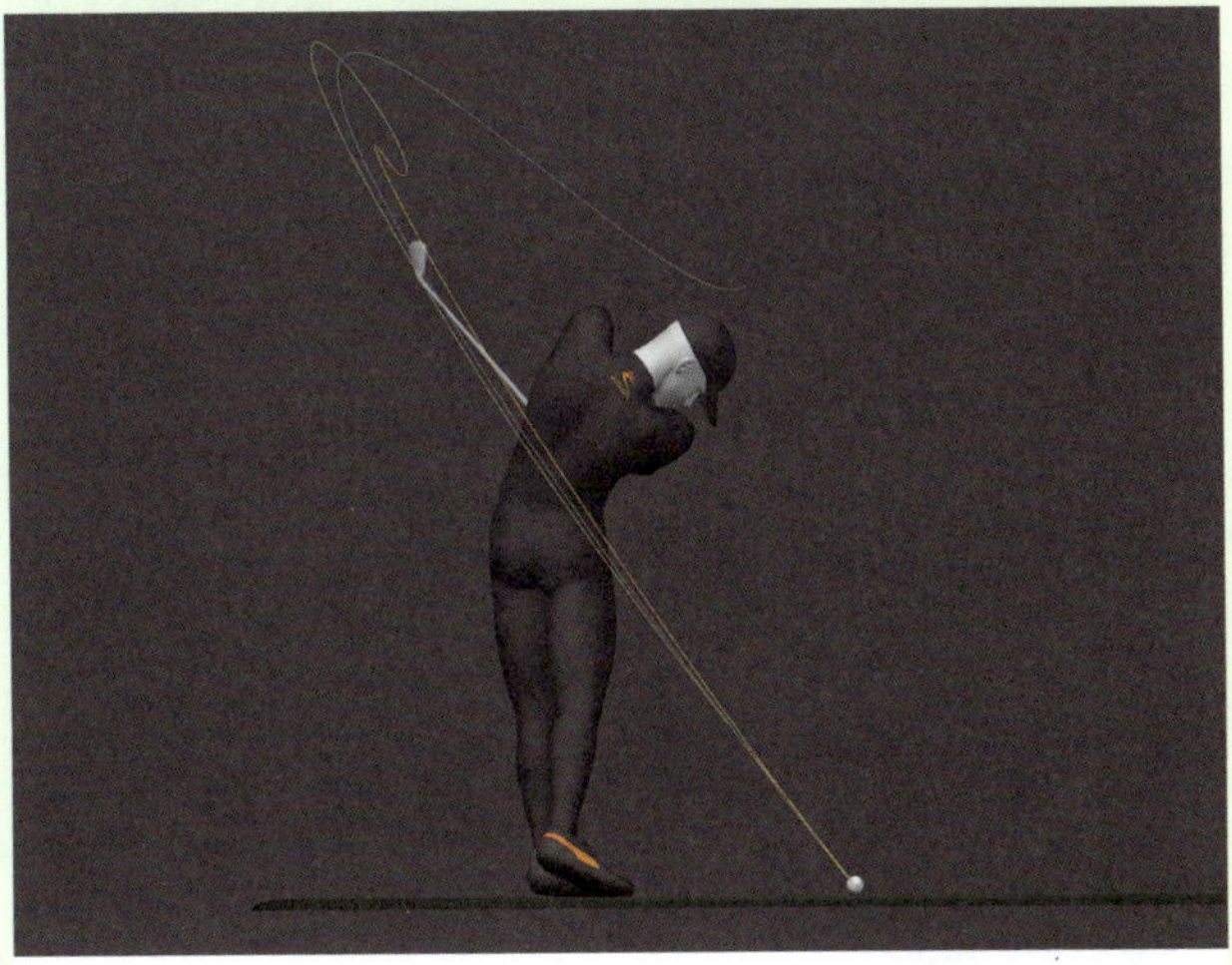

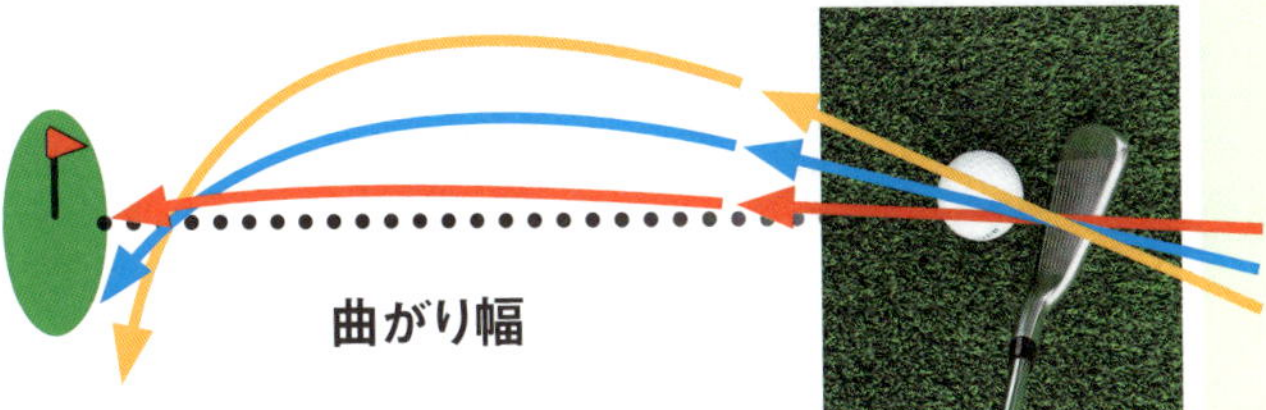

インサイド・アウトで振るほど曲がり幅は大きくなる（黄線、青線）

スイングプレーンの軌道全体を左右対称なインサイド・イン（飛球線後方から見ればダウンスイングの軌道とフォロースルーの軌道が重なる）にするために、切り返しでのハンズイン同様、インパクト後もハンズインで振る。それにより、ローポイントでのクラブパスは目標に対して0度にかぎりなく近づき（赤線）、フェースの向きも目標から大きく外れることがなくなる。ボールの曲がり方が安定し、ボールの曲がり幅もかぎりなく落ち着く。

プレーンの向きを変えるとローポイントとクラブパスが変わる

スイングプレーンが右を向いているとローポイントは右足寄りになる。通常のボール位置でのクラブパスはインサイド・アウトになり（アークに対してフェースがスクエアだと強いフックになる）、入射角はアッパーになる。

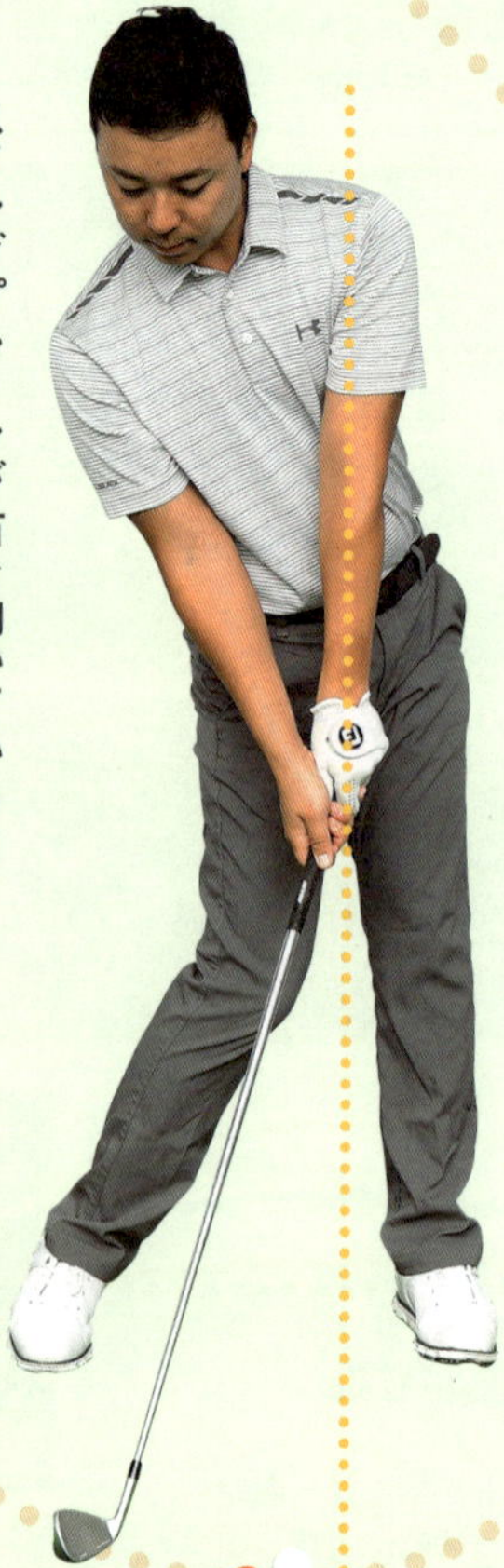

ローポイント・コントロールの基本的な目的は、ローポイントを一定にし、インパクトへのヘッドの入り方をそろえてショットの精度を高めることにある。しかもそれを可能とするスイングを身につければ、さらにその1段階上の効果も得られる。つまり、意図的にローポイントをズラすことも可能になるということ。ボール位置とスイングプレーンの向きを変え、ローポイントとヘッドの入り方をコントロールすることで自在に打球を操れるのである。スイング自体を変える必要はまったくない。

スイングプレーンが左に向いていると
ローポイントは左足の外側になる。
通常のボール位置でのクラブパスはアウトサイド・インになり
(アークに対してフェースがスクエアだと左に出てスライスする)、
入射角は鋭角になりすぎる。

ローポイントが安定すれば、フェースの向きとクラブパスの方向の組み合わせで、さまざまな弾道が打てるようになる！

ローポイント・コントロールで球筋を打ち分ける

① ハイドローの打ち方

通常のボール位置のままプレーンを右に向けるようにスイングすることで、ボールの手前に最下点を設定し、インサイド・アウト軌道+アッパーブローでハイドローを打つ。

② ロードローの打ち方

ボール位置を真ん中寄り（通常より右）にして構え、プレーンをニュートラル（インサイド・イン＝通常どおり）で振る。通常よりもダウンブローとインサイド・アウト軌道が強いインパクトになるため、右に低く出て、多めのスピン量で曲げ幅の大きいドローが打てる。

③ ハイフェードの打ち方

バックスイング時にスイングプレーン自体（言い換えれば、全身）を右にシフトさせ、その位置で通常どおりのダウンスイングをする。ボールが遠くなるため、アウトサイド・イン軌道＋アッパーブローのインパクトになり、ハイフェードが打てる。

④ ローフェードの打ち方

プレーンを左に向けることでアウトサイド・イン軌道でダウンブローのインパクトをつくる。なおかつ、フェースの上側で当てることでスピンの少ないローフェードが打てる。

ローポイントをコントロールするスイングがゴルフをレベルアップさせる

ローポイントと
ボール位置の
組み合わせで、
打ち出し方向と
曲がり幅を
意のままに操って
目標へ運べる

ここまで説明してきたように、ローポイントをスイングのベースと考え、安定させるスイングは、結果にダイレクトに結びつく。そして、スイングプレーンの向きを変えたり、シフトすると、ローポイントの位置を変えることもできる。これが現時点での世界最先端・最強のスイングだ。それではその具体的な方法論について、詳しく説明していこう。

90年代からどんどん進化するアメリカのゴルフ。日本は？

ゴルフスイングの理論は日進月歩です。

とくにアメリカでは、クラブ開発、クラブフィッティング、スイングメカニズム、トレーニング理論など多方面の有能なプロフェッショナルが集まり、活発な議論が交わされ、日々、アップデートされているのです。私はその中にいて、２０１８年の段階での〝間違いのない情報〟として今回「ローポイント・コントロール」の考え方についてご紹介させていただこうと考えました。

〝間違いのない情報〟という点については、私自身がとてもイタイ経験をしてきました。なにせ、日々アップデートされているのです。少し勉強を怠れば、情報は古いものになってしまっている、ということです。「え？　人間が、同じカタチの道具を使って同じボールを飛ばすのだから、スイング理論なんてそんなに変わるものじゃないはず」とお思いでしょうか。

２０１８-19年シーズンのＰＧＡツアーのドライバー飛距離の１位は18年11月11

日現在、キャメロン・チャンプの335・2ヤードですが、20年前の1999年の1位はジョン・デーリーの305・6ヤード。さらに1980年はダン・ポールの274・3ヤード。アメリカのプロは20年ごとに30ヤード、飛距離が伸びているのです！　でも、日本の一般ゴルファーの飛距離はそれだけ伸びているでしょうか？

この伸びは、クラブの進化、トレーニングの導入によるアスリートの能力アップも要因にありますが、それらの進化に合わせてスイング理論も進化し、また筋力を上げた結果をゴルフ技術に落とし込むノウハウが進化したなどの総合的な結果です。**日本の、一部のプロを除いたその他大部分のゴルファーの飛距離が、アメリカに比べるとそこまで伸びていないのは、それらの進化に追いついていないからだと、ニューヨークで活動している私は断言できます。**

日々アップデートされているのですから、ここで説明する内容も時代遅れになる可能性もありますが、本書の内容は〝間違いのない情報〟であることに変わりはありません。**ずっとゴルフに取り組んできたのにうまくなれていない、と感じていらっしゃる方は、間違った情報や古い情報にとらわれている可能性が高いのです。**せめてそれをアップデートしていただければ、これからの努力は実を結ぶようになると考えています。

さまざまな最先端の知識が融合してやさしいスイングが生まれる

私がしてきたイタイ経験を少しお話ししておきましょう。

私は1990年代に日本でゴルフを始め、高校、大学の部活動でコーチの指導を受けながら、テレビ番組やゴルフ書籍、雑誌を手当たり次第に参考にし、スイングづくりにはげみました。しかし、たいした戦績も残せず、大学生活も終わりにさしかかっていたとき、指導を受けにアメリカに渡り、そしてそこで、愕然とさせられたのです。

教え方がまったく違うことがいくつもあるのです。たとえば「腰を切れ」「ヒザの高さを変えるな」「手首を返せ」などと彼らは言いません。それよりもより効率が良く、確率も高い別の方法があるからです。

1990年代といえば、アメリカで最新理論を勉強してきたコーチたちもちらほらといた時代です。レッドベターの本が日本でも売れに売れました。**それでも、その当時の先端的な知識に、日本が追いついていたわけではなかったのです。**

それは、アメリカの研究者たちの行動様式にも原因があります。彼らは「わからないから教えてくれ」といっても応えてくれません。こちらが予備知識を十二分に集め、「私はこう考えるが、あなたはどう考えるか」という聞き方をしたときにはじめて、議論をともにしながらさまざまな情報を提供してくれるのです。その議論の輪の中に入ることを認められなければ、最先端にはたどり着けないし、深い理解もありえないのです。

そこまでの理解がないまま、情報が日本に伝えられたことについては致し方ないことだったかもしれません。しかし、「アメリカの最新情報」と信じて懸命に取り組んだけれど、迷路にはまり込むだけでたいしてうまくなれず、ゴルフがつまらなくなるなど悲しい結果にしかならなかったという人は、私だけではなかったと思います。

私は、そうした状況を変えたいと考えました。

スイングのメカニズムを考えるときに必要な予備知識として、道具の知識があります。最新のクラブ開発のコンセプトなどを知っておくことも、スイングを考えるうえでは必須です。トレーニングの理論や、カラダの構造ももちろん同様。弾道測定器によるインパクトの実際とボールの飛び方を知ることも大切です。それらとカラダの動かし方とを関連づけて組み立てていかなければ、理想のレベルへはたどり着けません。アメリカのプロフェッショナルたちはそれらの知識を総合することの重要性を理解しているのです。それがレベルの違いを生んでいるひとつの理由だと考えられます。

私はアメリカに渡り、英語を勉強し直し、そして大学院で運動学習を学びました。この学問はリハビリやロボット工学に応用されるものですが、「人が動きを学ぶ仕組み」を理解することによってスイングづくりの過程やゴルフ指導を効率化する知識を提供することができます。この分野を修めた者として、ゴルフのジャンルに進んでいる中で、私はアメリカでも第一人者のひとりとなっていると自負しています。その知識をもって、アメリカのゴルフ界の最先端のプロフェッショナルたちの議論の場に加わることができ、今も切磋琢磨しています。私が現在、スイングの指導においてニューヨーク近郊でもベストと評価されるまでに成長できたのは、彼らとの議論のおかげに他なりません。そんな仲間であるプロフェッショナルたちをご紹介しておきましょう。

彼らと「新飛球法則」に沿って、より確率高く、効率良くゴルフの上達に結びつくスイングとはどういうものかを考えてきた結果の結論が「ローポイント・コントロール」であることをご理解いただければと願います。

1 ニューヨーク近郊の最優秀ティーチャーのひとり　カーク・オグリ

ＰＧＡプロゴルファー、トーナメント・プレーヤーでありながら、近年、弾道測定器を使ったスイング指導とクラブフィッティングを組み合わせて、評価を上げているコーチ。測定データの読み取り方と、そこから改善していくべき動作を割り出していく方法論が圧倒的に的確。それを裏打ちするスイングメカニズムのロジックは、誰にも追いつけないレベルで、ＵＳＰＧＡで一目置かれる存在となっています。ツアープロ、トップアマチュア、ゴルフ・インストラクター、クラブフィッターたちからの信頼はことのほか篤い。メトロポリタン・セクションＰＧＡにて栄誉あるティーチャー・オブ・ザ・イヤー受賞経験もあります。

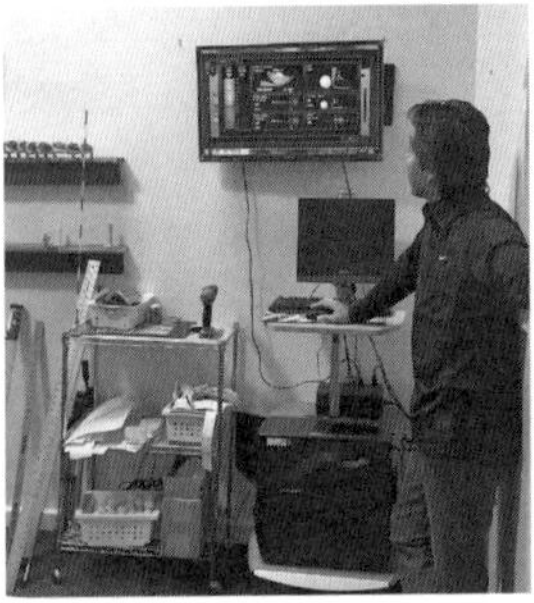

カラダの動き、クラブの動きを熟知しているからこそ、スイングづくりとクラブフィッティングの両面で高い評価を勝ち得ているカーク・オグリ

2 ジュニア育成のナンバーワンといえば　ジェームズ・ハーン

アメリカのありとあらゆるスイング理論に精通し、弾道測定器やモーションキャプチャーシステムの開発チームにも抜擢されるほどゴルフ指導の評価が高いプロフェッショナル。多くのジュニアエリートを輩出してきた、ジュニア育成の第一人者としても評価されています。彼の指導で育ったジュニアたちはそろって人格形成も素晴らしい。「教育」というもののあり方を学ばせてもらい、大人のゴルファーの指導に活かしています。

USキッズゴルフ・ファンデーションからTOP50マスター・キッズ・ティーチャーに認定されており、ジュニアに対する指導の改革者だとたたえられている

3 モーション分析の第一人者　マイケル・マナビアン

2008年に出版した『Atomic Golf』でフィットネスと栄養でゴルフを最適化することを提唱したボディビルにも取り組むプロフェッショナル。「スタック&ティルト」幹部で、何より勉強量のものすごさに圧倒されます。モーションキャプチャによる動作解析装置「ギアーズ」の分析データを活用したレッスンとフィッティングの先駆者であり、現在までに集めたサンプル、データの量は膨大。そのデータ数値の扱い方についての卓越したノウハウからは学ぶところが多すぎるほどです。

Clay Health and Fitness Spa所属のマイケル・マナビアン。ボディビルダーでもあり、カラダとスイングについての知識は膨大かつ、実践的

4

理学療法士としてマンハッタンで超人気　髙田洋平

コロンビア大学で米国理学療法博士となった米国でも数少ない高度な資格を持つセラピストで、大学で招待教授として教鞭を執り、PGAメンバーに対して教育セミナーを行なった経歴もあります。運動パターンや身体機能の診断と痛みの軽減、問題を取り除いてパフォーマンスを向上させるノウハウは、アスリートの活動をサポートするためには必須です。ゴルフに関しては、腕前はプロ級でニューヨーク近郊のアマチュアゴルフ大会優勝を総なめにしたほど。

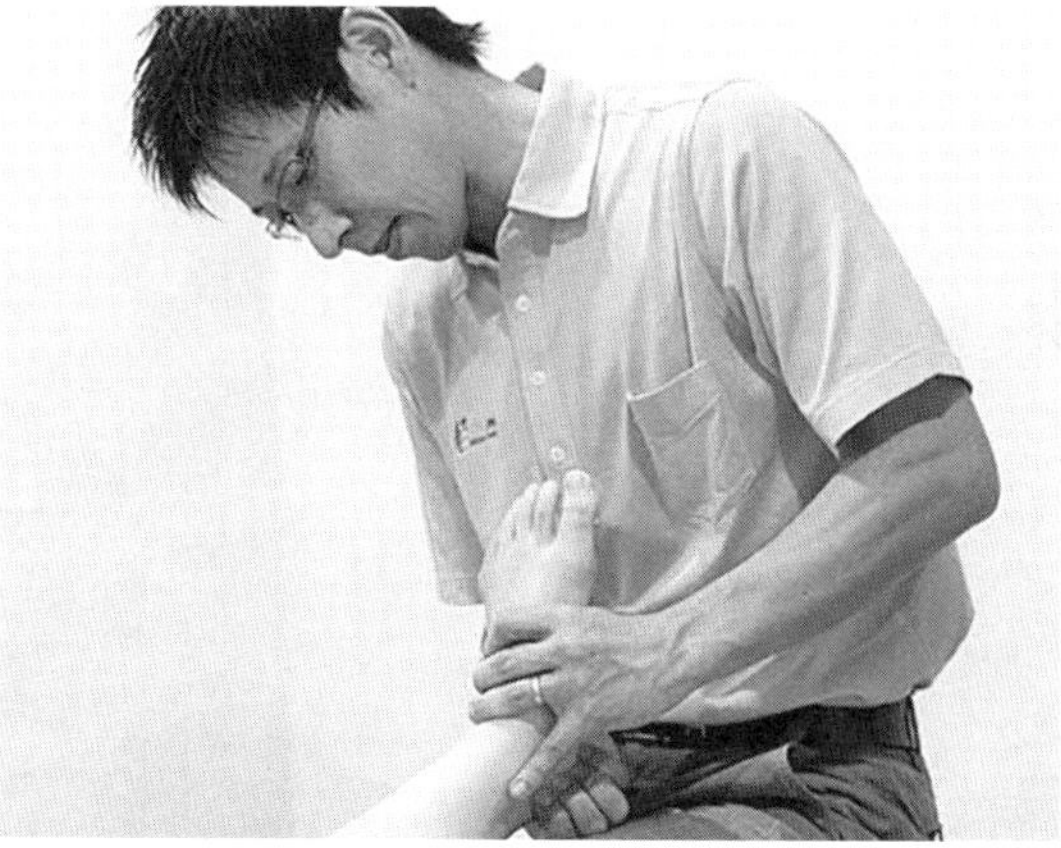

ニューヨークと東京にあるファンクフィジオの代表を務める。ゴルフの技術も高いレベルで、タイトリスト・パフォーマンス・インスティテュート（TPI）のゴルフ・フィットネス・インストラクターレベル3も所持する

5 ゴルフのためのトレーニングならニューヨークで1番　アリ・ギルバート

ゴルフのトレーニング指導者としては、ニューヨーク州で1番と目されています。ホルモンコントロールに特化したトレーニングを最も得意とし、ゴルフの特定の動きについて、どこを鍛えるか、どう鍛えるか、どのように連動させていくのか、そしてどうスイングの中に落とし込むのかというノウハウの蓄積は随一。「できない動き」を「できるようにしていく」うえで、カラダ側の機能向上で効率が良くなることもあるし、逆もあります。無駄なく、高いレベルを目指すためには必須の知識。

6 ベストサービスを提供するマスタークラブメーカー　カツミ・オオノ

ニューヨーク州ミネオラでゴルファーたちの一大拠点となっているピーツ・ゴルフ（Pete's Golf Pro Shop）のスタッフのひとり。クラブビルダー、フィッター。クラブ設計にも造詣が深く、各メーカーが搭載しているクラブ機能について、独自テストを繰り返して研究し、メーカー各社のツアーレップやクラブ設計者たちからも一目置かれる存在。トッププロの要求に応えられるクラブビルディング能力は、アメリカのゴルフプロフェッショナルたちから信頼されています。

「ゴルフ＝スコアを出すゲーム」のための技術を考えればローポイント・コントロールの発想が最もシンプル

多くのゴルファーが、打球が思いどおりに飛ばない理由をカラダの一部分の動きだけに帰そうとしていると痛感しています。ダウンスイングで伸び上がってしまった、手首の返しが早すぎた、強すぎたなどなどです。そしてその動きを直そうとします。

でも、というよりも、「だから」というべきですが、直りませんよね。

ゴルフは、スイングの良し悪しで勝負が決まるゲームではありません。求めるべきはスコアです。それに直結するのは、どうコントロールしてボールを運ぶかです。

そして、**打球を決めるのは、インパクトにどういう軌道でクラブが動いてきて、そしてどういう向きで面が当たるかという2点に尽きます。**

つまり、アークに対してフェースをスクエアに振る技術と、スイング軌道のローポイントを一定にする技術さえあればいいのです。

アークに対してフェースをスクエアに振る技術は、ある程度多くの指導者がかなり以前から説明してきていると思います。しかし、ローポイントについてはあまり言われてはきていません。軌道、あるいはスイングプレーンについては言われてきましたが、これと、実際にインパクトに影響を与えるクラブパスとは、似ていますが違うものです。

ですが、**ローポイントを一定にすれば、ボールの置き場所だけでクラブパスが決まり、ショットはコントロールできるのです**。弾道測定器で測るインパクトのデータも、簡単に最適化していくことができます。これはつまり、最適なクラブも選びやすくなるということが言え、その結果は、飛距離的には最大化できますし、意図せず曲がることも避けられるということになります。

さらに、ローポイントを一定にする技術があれば、ボールの位置を変えることなどで、今度はボールを曲げることも意図的にできるようになります。曲げ幅をコントロールすることも十分可能となります。これが意味するのは、コースマネジメントをやさしくするということ。つまり、スコアが出しやすくなるわけです。

フォーカスすべきなのは、カラダの一部分の動きではなく、ローポイントです。ゴルフという競技は、そこにフォーカスを当てるだけで、より良い結果を出せるようになっていく——その考え方をぜひお読みください。

ローポイント・コントロール

ニューヨーク発！
世界最新スイング理論

目次

Contents

Low Point Control

PART 1

PART 2

ローポイントを基準にすれば スイングがシンプルになる

Contents
Low Point Control

PART 3

ローポイントをコントロールしきる最新スイングのつくり方

Contents
Low Point Control

PART 4

旧理論から切り替える人に必要な修正ポイント

165

編集協力　長沢 潤
写真　高木昭彦
装丁・本文デザイン　鈴木事務所
カバーイラスト　川崎敏郎
DTP　加藤一来

PART 1

ローポイント・
コントロール
Low Point
Control

インパクトが弾道を決めるという事実からスイングをつくる

「弾道の法則」がゴルファーを混乱させてきたのでは？

長年、ゴルフは上達がむずかしいスポーツとされてきています。思ったところにボールが飛ばない――これは、プロでさえ持ち続けている悩みでもあるのですが、どんなレベルのゴルファーにも切実な悩みだと思います。

ゴルフを始めた人はまず、友達や先輩、上司に教えてもらったり、本やテレビ番組を見たりしながら、スイングに対する考えを独自に構築していきます。しかし、我流でゴルフに取り組んでも「うまく上達できた」という人は、多くはいないと思います。

なかにはスクールに通うなどして、〝正しい理論〟を理解し、見た目には綺麗なスイングをつくりあげたのにも関わらず、やはり思ったところにボールをコントロールしたり、十分な飛距離を出すことができないでいる人も多くいると思います。

その原因の一つには、今までスイングについて収集してきた情報が間違っていた可能性があります。その間違っていた情報の代表的な例に、「弾道の法則（9弾道法則）」（42ペー

ジ参照）というものがあります。これは、従来は〝正しい理論〟とされ、狙った弾道を打ち出すために動きを修正するよりどころとなっていたものです。でも、この〝理論〟は、すでに否定されています。

狙いより左へ打ち出した場合、「弾道の法則」によればアウトサイド・イン軌道が原因なので、修正するためにインサイド・アウトで振ろうとする。だが、これでもフェースが左を向いていれば、打球は左に出る。するとさらにインサイドから振ろうと修正するが、これ以上インサイドからにしてもスイングは良くならないのは自明だ

旧9弾道の法則でも狙いどおりのボールは打てたが……

従来の弾道の法則（9弾道法則＝9 Ball Flight Laws）とは、USPGAのマニュアルでゲーリー・ワイレン博士（Dr. Gary Wiren）が唱えた、ボールには9種類の飛び方があるとするものです。インパクト時のクラブパス（ヘッド軌道＝①インサイド・アウト、②インサイド・イン、③アウトサイド・イン）とフェースの向き（iオープン、iiスクエア、iiiクローズド）の組み合わせによりボールの飛びが変わるというもの。**3つのクラブパスと3つのフェース向きを掛け合わせ、9種類になるという説明でした。**

特徴は、ヘッドの軌道によりボールの打ち出し方向（出球）が決まり、フェースの向きによりボールの曲がり方が決まるというものです。この法則は長年ゴルフ界の常識として捉えられ、この法則に基づいて多くのスイング理論が生まれ、普及してきました。

典型的なものとしては目標より右に打ち出して左に曲がるドローボールを打つならば、スタンスはクローズドにして（右に向けて）フェースは目標に向ける。そしてスタンスの向きに沿って振れば、目標に対してインサイド・アウトになるため、打球は右に打ち出され、インパクトでのフェースの向きは軌道に対してクローズドになるため、ドロー回転がかかり左に曲がる、という〝理論〟です。

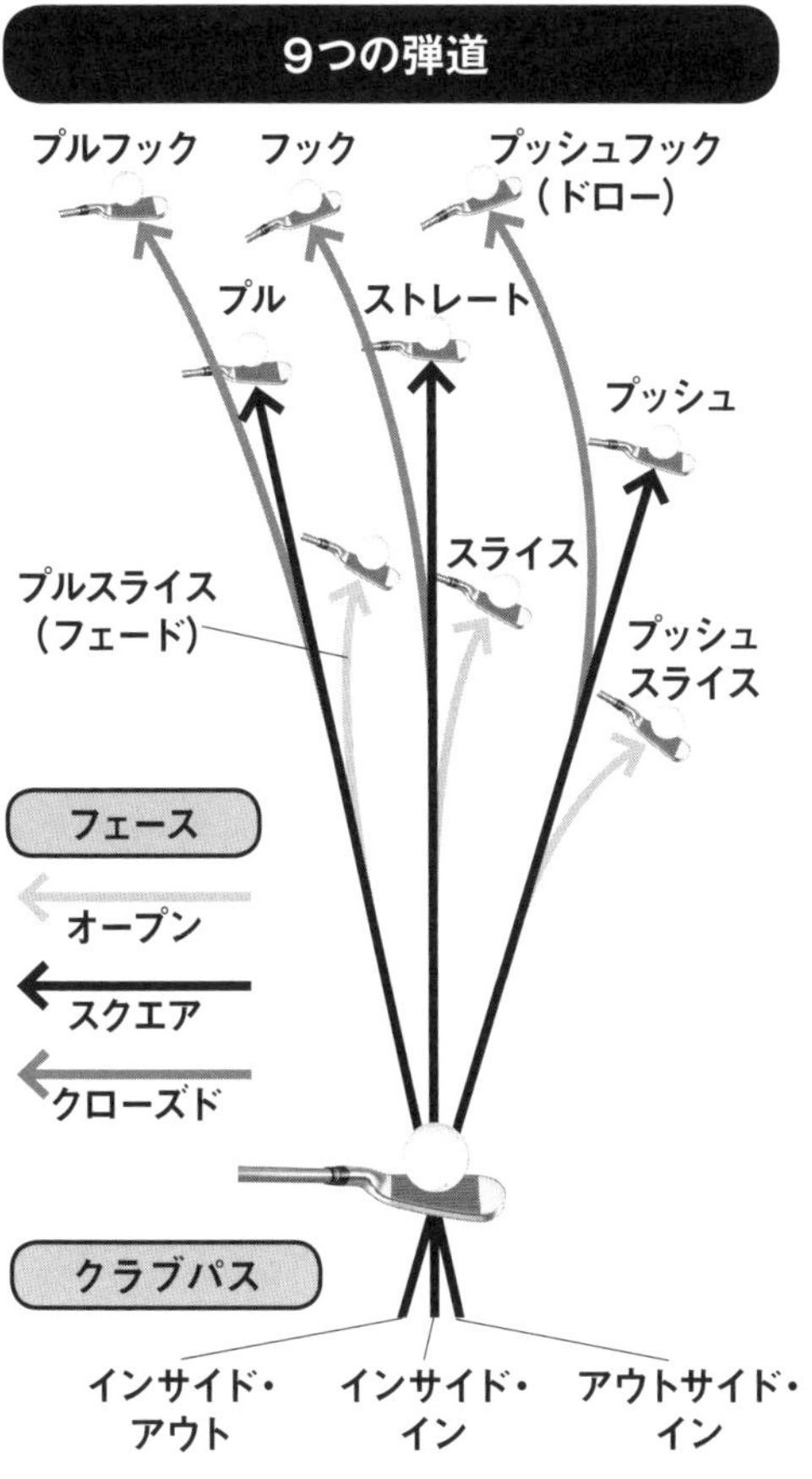

本文中に記した方法で狙いどおりのドローボールが打てることもある。しかし、それはある一定の条件がそろった場合、という条件つきだ。通常の位置よりもボールを右に置く、あるいはややトウ寄りでインパクトするなど。それがない場合、現代の理論によれば、図中の「フック」かあるいは「ドロー」と「フック」の中間の打球が出ることになる

弾道測定器と超高速カメラが間違いを証明した

ところが、実際は旧9弾道の法則が間違っていたという事実が明らかにされたのです。それは、超高速カメラによるインパクトの画像や、打球を追尾して測定する弾道測定器のデータの蓄積から導かれました。

「インパクトでのクラブパスとフェースの向き」の実態と、それによって現実に出ている弾道の関係性。事実とは、**主にクラブパスによってボールの曲がり方が決まり、フェースの向きによりボール**

旧9弾道法則 vs 新飛球の法則

芯でインパクトした場合、旧9弾道の法則によれば打ち出し方向はターゲットラインよりクラブパス側となるはず。しかし、実際にはフェースの向きの側となることが明らかにされている

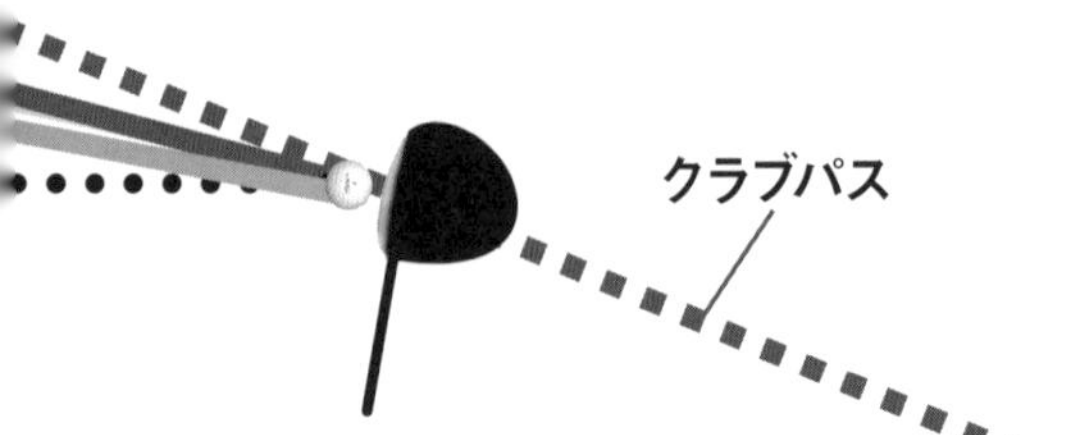

の出球の方向が決まるというものでした。
つまり従来とは逆なのです。

これは「新飛球法則」(New Ball Flight Laws) と呼ばれています。

これの登場によって、ある問題点が浮き彫りになっています。問題点とは、ありとあらゆるスイング理論が旧9弾道の法則に基づいて構築されていたことです。ショットのコントロールに必要な要素である「インパクト時のフェースの向きとクラブパスの関係性」がくつがえってしまった今、ゴルフを指導する側はこれまで自身が教えていたスイング理論や上達カリキュラムを見直さなければいけなくなったのです。

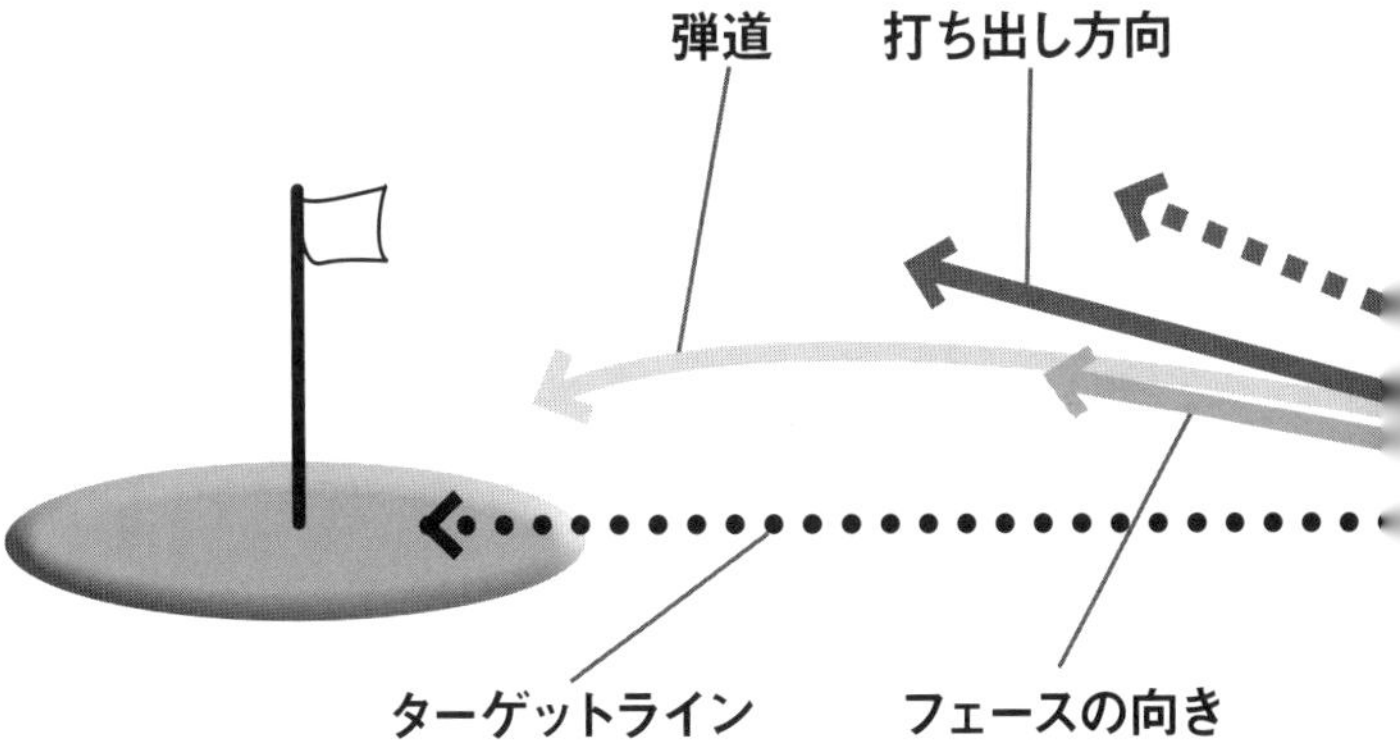

スイングをもっとやさしく習得させてくれる大転換

新飛球法則が日本で認知され始めたのはこの数年ですが、これは元々はアメリカで1969年に出版された『Golfing Machine』において、著者であるホーマー・ケリー（Homer Kelly）によって提唱されたものです。1994年にセオドア・ジョーゲンセン（Theodore Jorgensen）がディスクリプティブ・プレーン（Descriptive Plane＝通称Dプレーン）モデルを用いてわかりやすく説明したことにより、普及し始めました。

今ではこの法則に基づいたスイング理論が次々と生まれています。その代表格が「スタック・アンド・ティルト」です。その中で、アメリカのゴルフを発達させた要素の一つが、指導において「ローポイント・コントロール」という発想を導入したことなのです。

ローポイントとは何か。日本語では、軌道の最下点ですね。これをコントロールできるようになると、ショットの再現性が高まるだけでなく、コントロール性も高められるのです。つまり、スコアを出すうえで大切なショットメイキングを向上させてくれるという意味で上級者のゴルフの上達に資すると同時に、始めたばかりのゴルファーにとっても、よりシンプルで、なおかつ当然ですが、事実に即した「スイングイメージの構築」ができ、それによって基礎技術習得の時間を短縮してくれるものなのです。

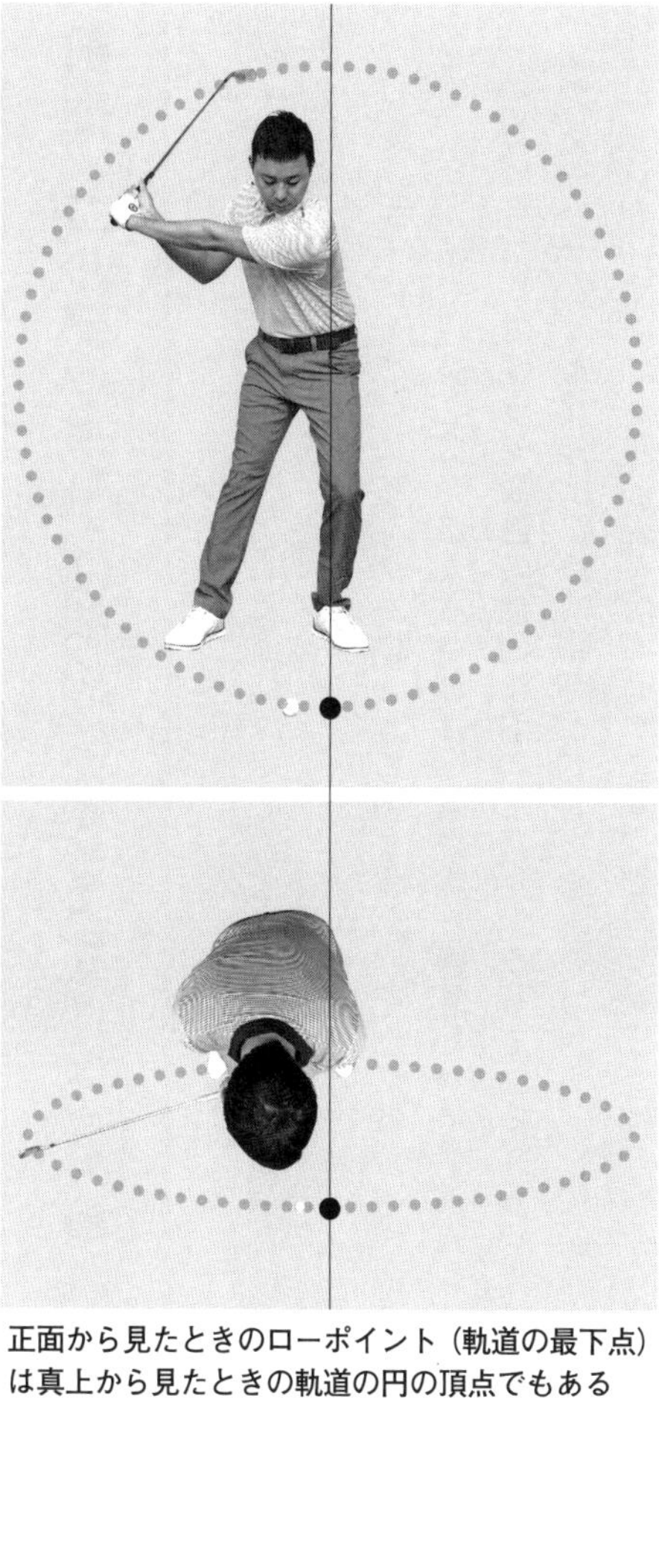
正面から見たときのローポイント（軌道の最下点）は真上から見たときの軌道の円の頂点でもある

大前提　ゴルフクラブは斜めに振るようにつくられている

ローポイントについての説明を始める前に、その大前提となっていることについて説明しておきましょう。

トッププレーヤーの多くはスイングが似通っていますが、それには理由があります。説明するまでもなく頭で理解している人もいれば、無意識に感じとっている人もいると思いますが、それは、**ゴルフクラブ設計の意図に沿ってスイングしている**、ということです。

ゴルフクラブのホーゼル部分は斜めに曲がっています。そのヘッドを機能させるには、地面に対して斜めに使うことが必要なはず。つまり、ゴルフクラブはそもそも斜めにスイングするように設計されているのです。斜めにゴルフクラブを振れると全身を使ってスイングすることができたり、ヘッドの機能を生かして効率良くボールを飛ばしたりダフリなどのミスも減らしたりすることができるようにつくられているわけです。

しかし、ゴルフがなかなかうまくならない人たちは、その機能を生かすようには振れていません。ある人はとんでもなく縦振りに振っていたり、またある人は信じられないくらい横振りに振っていたりします。まさかクラブの設計者もそんな角度でクラブをスイングされるとは思っていないと思われます。設計から外れすぎたスイングやプレーンで振られても、ゴルフクラブは適切に機能できないのです。

クラブは斜めに振るようにつくられている。斜めに振ることでその機能が生かされる。設計思想から外れすぎたスイングをすると機能は引き出されない。つまりゴルフがむずかしくなる

それではどれくらい斜めにクラブを振ると、クラブは適切に機能するのでしょうか?

答えは「構えたときのシャフトの角度に対して平行になるくらい斜め」です。いわゆる、シャフトプレーンと呼ばれている角度ですね。

スイング中、構えたときのシャフトの角度(シャフトプレーン)に対し、シャフトが平行に動き続けると、そのクラブはまるで面の上を動いているようだということで「オンプレーンなスイング」とされ、いろい

ろな理由からそれが良しとされています。

私は、P1（＝アドレス。Pシステムについては後述します）からP9（フォロースルーで腕が地面と平行になるところ）まで、クラブがシャフトプレーンと平行に動くのが理想と考えています。P9以降、フィニッシュまでの動きはその人の行なっているスイングモデルによって異なってきますから、そこで外れてもかまわないということになります。

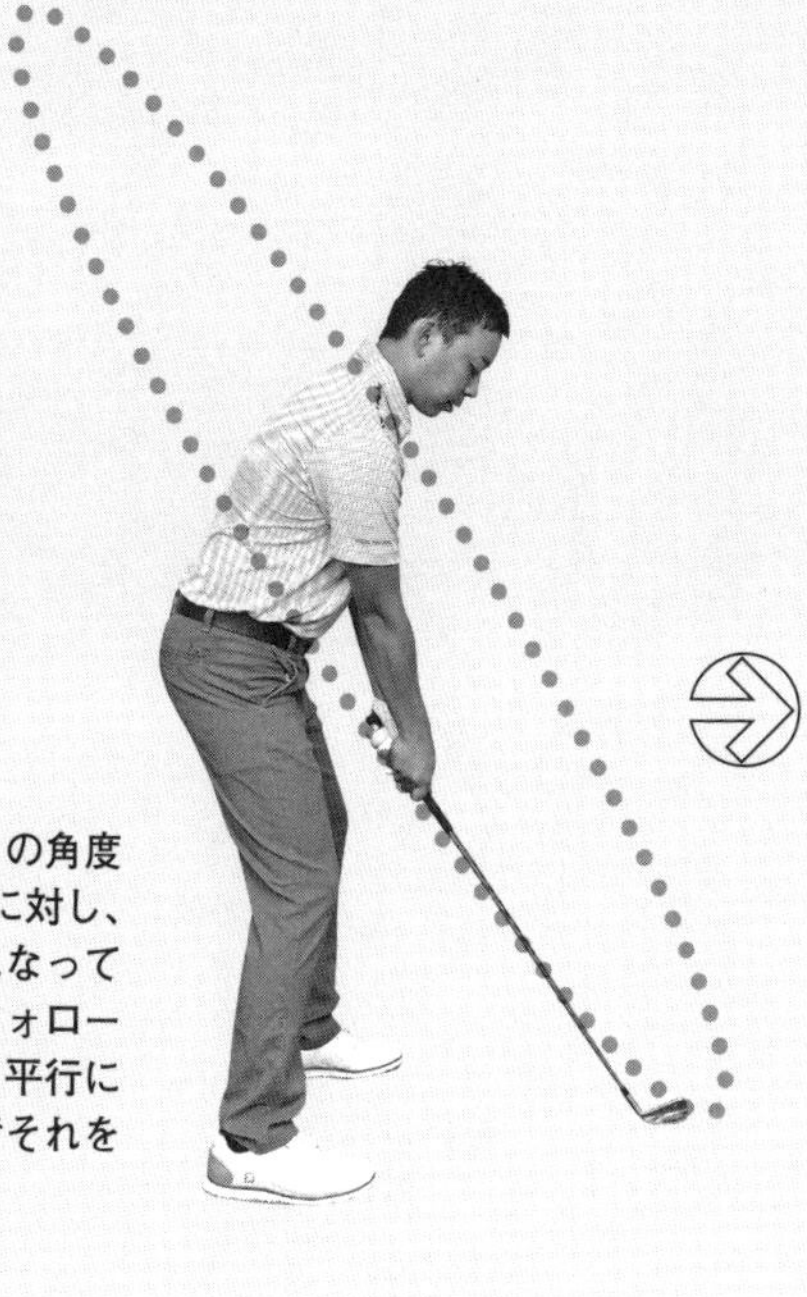

構えたときのシャフトの角度（シャフトプレーン）に対し、シャフトが常に平行になっているのが理想。P9（フォロースルーで右腕が地面と平行になるタイミング）までそれを維持できるのがベスト

もう一つの大前提 スクエア・トゥ・アーク

新飛球法則に基づいたスイング理論を考える際のキーワードをここで紹介しておきましょう。**「スクエア・トゥ（・ジ）・アーク」と言い、これが実践的なショットを再現するための大前提となります。**

アークは軌道の円弧のことで、この言葉は、スイングアークに対してクラブフェースがスクエアという意味です。よく、バックスイングの途中やダウンスイングの途中で「フェースがスクエアだからいい」とか「フェースがオープン（またはクローズ）だから間違い」といった指摘をしますが、それはボールや飛球線、目標という固定されたものに対してのスクエアではありません。動いているときのフェースの状態がスクエア（そのままインパクトに戻ればスクエアになるはずという意味）を示す言葉と言えます。

もしもバックスイングやダウンスイングの途中でフェースが、アークに対してオープン（またはクローズ）だと、インパクトに向かって微調整しなければ、フェースはターゲッ

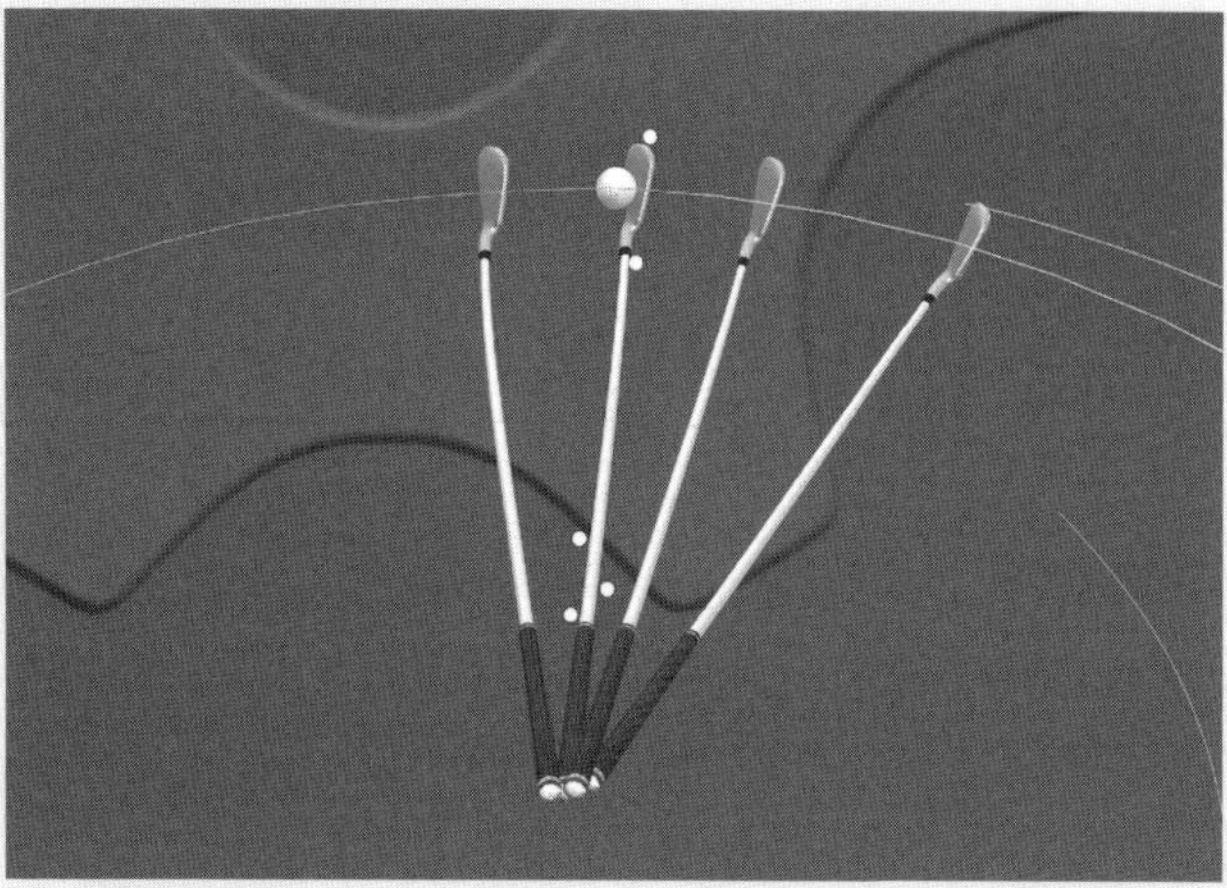

トを向かなくなります。つまりボールをターゲット方向へ打ち出せないのです。

もちろんその微調整を再現性高く加えられれば精度においては問題ないでしょう。しかし、しなければならない微調整があればあるほど、動きが複雑になるため、その動きのスピードは落ちていきます。これは運動学上必然と証明されていることです。

スイングスピードを最大限出す、それによって飛距離を伸ばすには、動きはよりシンプルであるべきなのです。つまり**効率良くボールをターゲット方向へ飛ばすには、フェースをアークに対してスクエアであり続けるように動かすべきである、というのが結論です。**

新飛球法則に則れば、このようなスイング

ができれば、常にクラブパス方向にボールが真っすぐ飛んでいくことになります（芯に当たった場合）。フェースがターゲットに向くのは一瞬ですが、それより前にボールに当たったとしても、打球はターゲットの右に出て真っすぐ。それより後で当たった場合はターゲットの左に出て真っすぐの打球になります。ぴったりのタイミングでなくても、打球はターゲットを中心とした一定の円の中に集まる、つまり戦略上実践的には大きな問題なく次につなげられることになります。

そして、後ほど詳しく説明しますが、**ターゲットに向いた一瞬というのが、ヘッドの動きにおいてはローポイントなのです。**

ただ、問題は「スクエア・トゥ・アーク」かどうかの確認方法です。「クラブは斜めに振るもの」であり、斜めに傾いたプレーンの中心からヘッドを見れば、アドレスの時からずっと「シャフトとヘッドの関係、フェースとリーディングエッジの向き」の見え方は同じになります。

しかし一般的には飛球線後方から確認するほうが容易ですので、スクエアとなるフェース向きの見え方の目安を左に示しておきます。

飛球線後方からの見え方

P4（トップ）

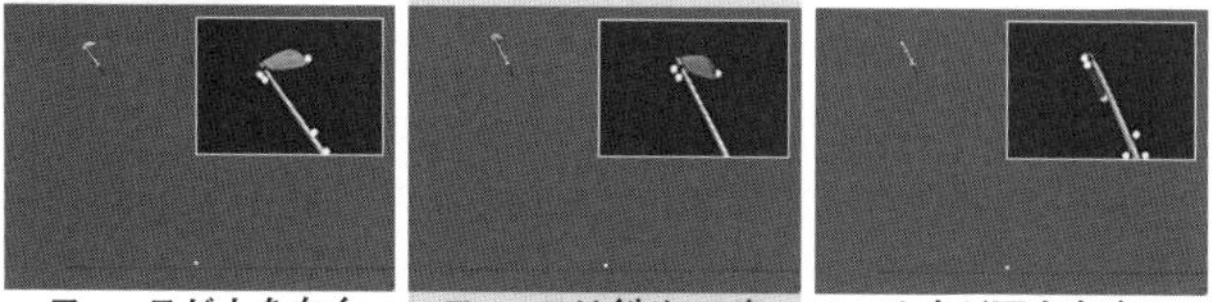

クローズ	スクエア	オープン
フェースが上を向く	フェースは斜め45度上よりも少し上を向く	トウが下を向く

P5（切り返しで左腕が地面と平行になったとき）

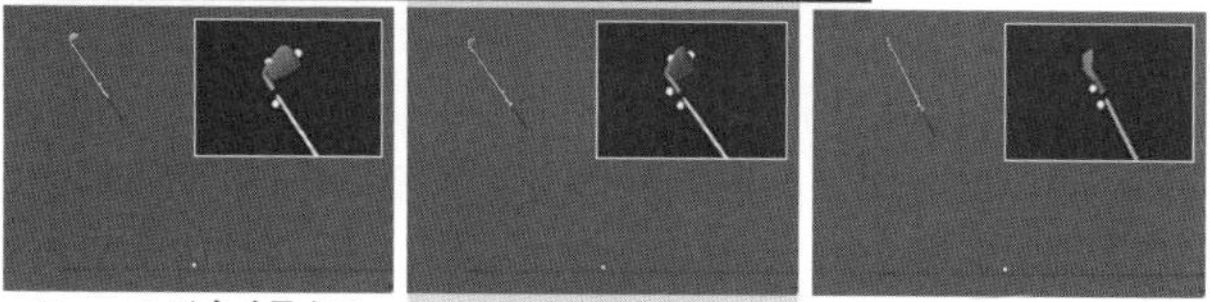

クローズ	スクエア	オープン
フェースが多く見える	フェース面が少し見える	シャフトにフェースが隠れる

P6（ダウンスイングでシャフトが地面と平行になったとき）

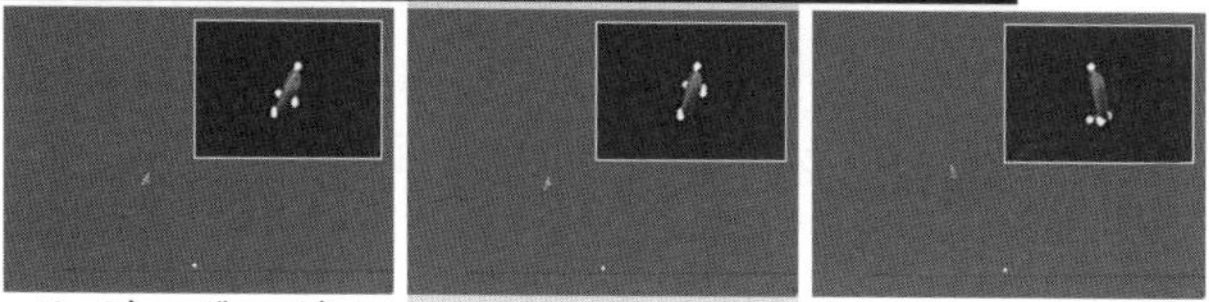

クローズ	スクエア	オープン
リーディングエッジが地面方向を向く	リーディングエッジが背骨と平行	リーディングエッジが地面と垂直か斜め上を向く

P7（インパクト）

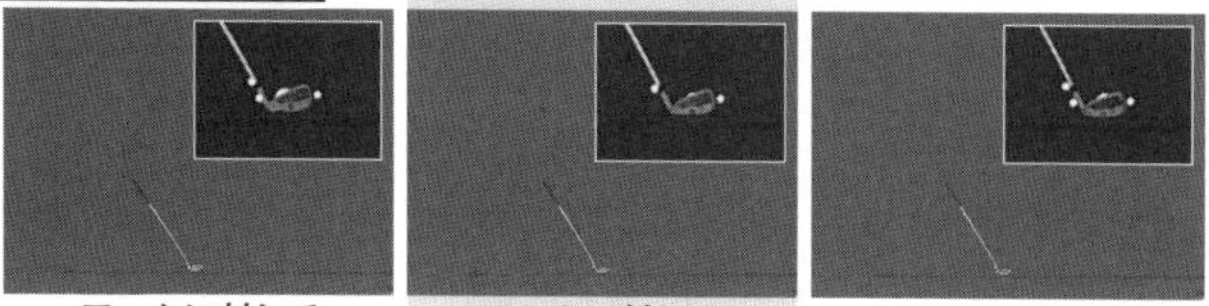

クローズ	スクエア	オープン
アークに対して閉じている	アークに対してスクエア	アークに対して開いている

ニューヨークから一言

進化し続けるアメリカの理論

日米のスイング理論にはいろいろと違いがあります。その違いがどのようにして生まれるかというと、「インストラクターの持っているゴルフに関する知識量が関係している」と私は考えています。とくにアメリカ最前線で活躍しているインストラクターは、運動科学、運動生理学、医療、テクノロジーなどあらゆる分野の知識を常にアップデートし続けています。大学と提携しているゴルフの研究機関によるモーションキャプチャーシステムを使った研究からの知識や、弾道測定器やシャフトメーカーの教育プログラムからの知識など。しかも過去の文献から最新の研究まで網羅しているので、彼らの理論には論拠があります。そしてそれらの論拠は、インストラクター同士が議論するとき必要になります。また仮に論拠があったとしても、プロが実戦に使えないと判断されると除外されてしまいます。ですので、アメリカのゴルフ指導最前線で活躍しているインストラクターたちのゴルフ理論は、かなり洗練されているわけです。

常に勉強し、検証し、インストラクター同士で議論し、そこからさらに実戦に応用して結果を出すという流れを繰り返しているので、アメリカのスイング理論は良い方向へ進化し続けています。今の日本のインストラクターの多くは経験則で指導している人が多く、経験がないインストラクターは迷いながら指導していることが多いのが現状です。私の目標の一つは日本のインストラクターのレベルを上げることなので、近い将来、海外の知識を学べる場をつくれたらと考えています。

PART 2

ローポイント・
コントロール
Low Point
Control

ローポイントを
基準にすれば
スイングがシンプルになる

ローポイント（スイングアークの最下点）が基準になる

ローポイント（Low Point）とは、スイングアークの最下点を指します。ヘッド軌道を左の画像のような円だと仮定しましょう。それは、正面から見ても上から見ても、円、あるいは楕円となります。

そしてその中にローポイント、最下点があります。**この最下点が、意図した位置に来るようにスイングするのが、ローポイントのコントロールということになります。**

ローポイントをコントロールできるようになると、ショットの再現性を高めるだけでなく、コントロール性も高めることができます。ショットの精度を高める近道となり得るローポイントのコントロールを可能とするスイングの習得については第3章で行ないますが、その前にローポイントについて説明しておきましょう。

これについては二つの視点から説明できることがあります。正面から見た場合と上から見た場合です。どちらの場合も、重要なのはインパクト前後、つまり最下点を含んでいる枠（左写真）に囲まれた部分になります。

正面から見た場合のヘッド軌道とローポイント

上から見た場合のヘッド軌道とローポイント

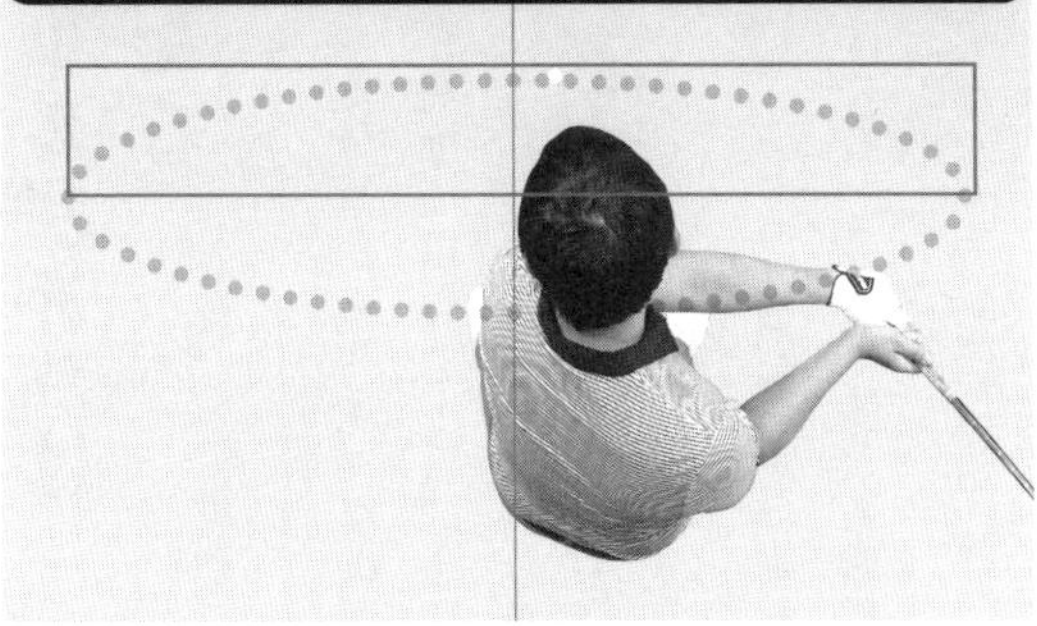

ヘッド軌道の最下点がローポイント。この位置をコントロールすることで、クラブの設計意図に沿った入射角で打てる。あとはフェース向きを一定にすることで、打ち出し方向と打球の曲がり方も意図どおりコントロールできることになる

ローポイントの手前にボールがあれば ダウンブローになる

クラブヘッドの軌道は、シャフトが地面と平行になった位置からスイングの弧の最下点に向かって下降し続けます。左ページ上で点線で示した局面ではヘッドは急激に下降し、細い実線の局面になると次第に下降度合いがゆるやかになり、太い実線で示した孤の最下点に向かう局面では下降度合いがなくなっていく、つまり次第に入射角が小さくなっていくのです。

円ですからごく当たり前のことですが、あえて説明すると「**孤の最下点よりも手前にボールを置いてスイングすれば、意識してダウンブローに打とうとせずとも勝手にダウンブローでインパクトを迎えることができる**」ということです。

ドライバーとパター以外、基本的にゴルフクラブは地面にあるボールを打つことが前提ですから、ダウンブローでとらえるように設計されています。つまり、ローポイントの手前にボールを置くことで自然にそれが可能となるのです。**ティアップして打つドライバー**

に関しても、理由は後述します（80ページ）が、ほとんど曲がりのないドローを打ち続けたければローポイントの手前でボールをとらえるほうがやさしくなります。

ローポイントに近づくにしたがって、入射角が浅くなっていき、ローポイントでは入射角が0度になる

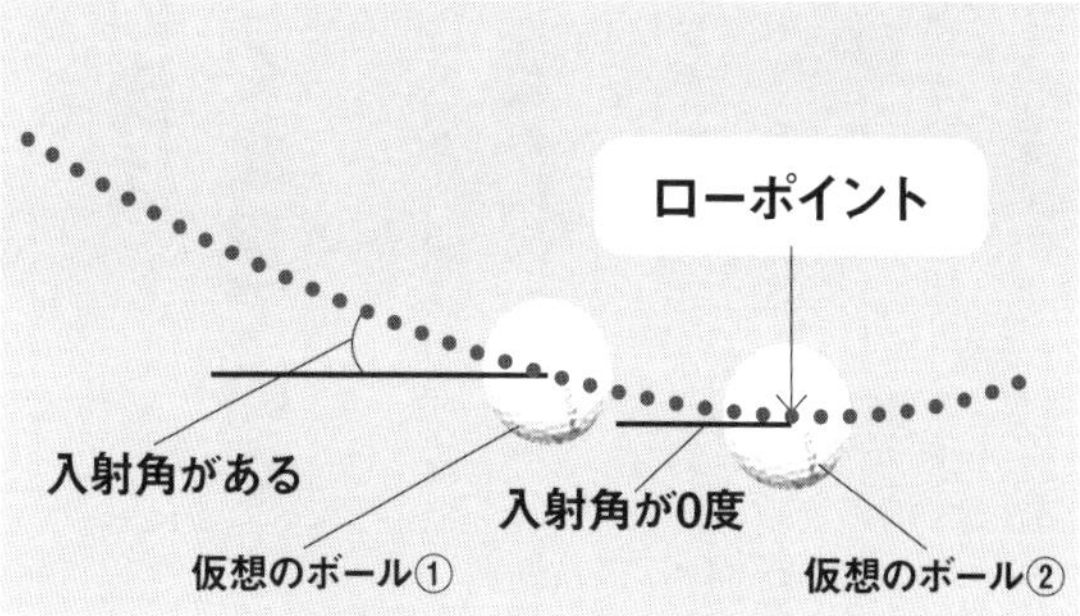

ローポイントの位置にボールがあれば入射角はゼロ。その手前にボールがあれば（仮想のボール①）自然とダウンブローになる。つまりダウンブローを実行するのに必要なことは、ローポイントの手前にボールを正しくセットすることと、意図どおりの位置にローポイントが来るようにスイングすることだ

ローポイントの後は上昇角度が次第に大きくなっていく

ローポイントを通過した直後から、クラブヘッドは上昇軌道に切り替わります。左ページで太い実線で示した局面から、細い実線の局面、点線の局面へと進むに従って、上昇度合いは大きくなっていきます。

つまり、**弧の最下点の先にボールを置いてスイングすれば、アッパーブローを意識せずとも自然に入射角がアッパーブローの状態でインパクトを迎えることができるのです。**

このように、特別な操作をすることなく、同じスイングをするだけで、ヘッド軌道はダウンブローから、レベル、アッパーブローへと順次切り替わっていきます。

ですから、同じスイングでアイアンもドライバーもうまく打ち分けるために必要なことは、**ローポイントを安定させるスイングを身につけること、そしてクラブに応じて適切な位置にボールを置くこと、これだけなのです。**

ローポイントを過ぎた後、クラブヘッドは上昇していく。この段階でインパクトすればアッパーブローで打てるということ

入射角と同じことがクラブパスでも起きている

正面からの視点での説明は、あまりにも当たり前な事項を述べさせていただきましたが、それには理由があります。正面から見たときに入射角について言えたことが、上から見たときのクラブパスにもまったく同様に当てはまるからです。

クラブヘッドはダウンスイング中、シャフトが飛球線と平行になった位置から、ローポイントに向かって内側(インサイド)から外側(アウトサイド)へ向かって移動し続けます。つまり、インサイド・アウトのクラブパスということになりますが、点線で示した局面ではインサイド・アウトの度合いは大きく、細い実線の局面になるとその度合いがゆるやかになり、さらに太い実線の局面では、ローポイントに近づいて行くにしたがって、その度合いがなくなってきます。

つまり、**ローポイントよりも手前にボールを置いてスイングすれば、意識してインサイド・アウト軌道で打とうとせずとも、自ずとインサイド・アウトのクラブパスでインパク**

トを迎えることができるのです。

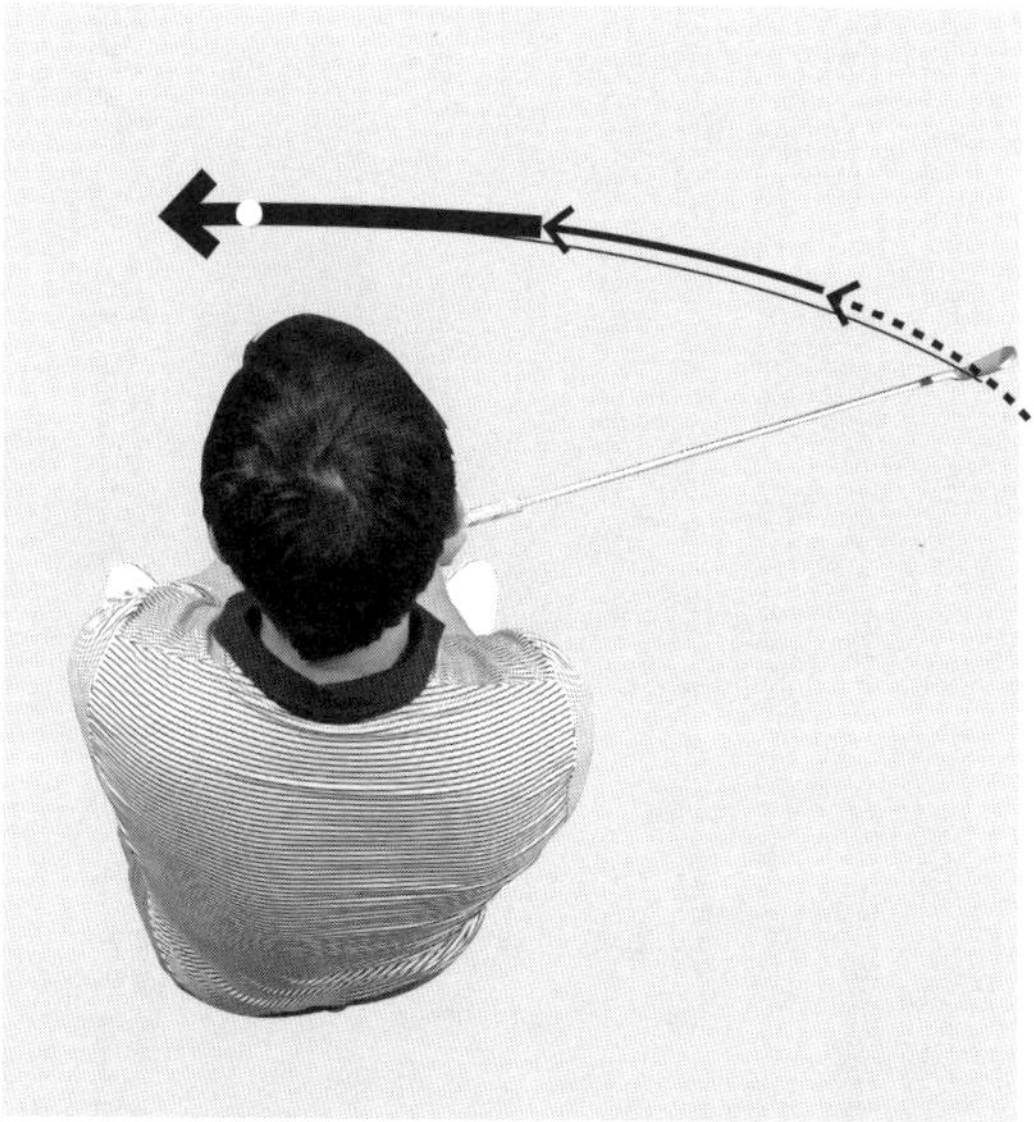

クラブパスは、インパクトにおけるヘッドの動き。ヘッドの動き全体を示すスイングプレーンとは異なる。打球に影響を与えるのは、スイングプレーン全体ではなく、インパクト前後の動き、つまりクラブパスのほうである。そして、1つのアウトサイド・インのプレーンにも、一部を切り取るとインサイド・アウトのクラブパスがある、ということが言える

ラインどおりストレートに打てるのは一瞬

上から見たときに、クラブヘッドはローポイントまではインサイド・アウトのクラブパスで動いていています。

ヘッドがローポイントに到達した瞬間、クラブパスはインサイド・アウトでもアウトサイド・インでもない、0度になります。

そして、そこからのクラブヘッドは、スイング弧の最も外側（アウトサイド）から内側（インサイド）へ向かって移動し続けることになります。ローポイント直後はアウトサイド・インの度合いはゆるやかで、フォロースルーの局面が進むにつれその度合いは大きくなっていきます。

つまり、**ローポイントの後にボールを置いてスイングすれば、意識してアウトサイド・イン軌道で打とうとしなくても、自ずとアウトサイド・イン軌道でインパクトを迎えることができるのです。**

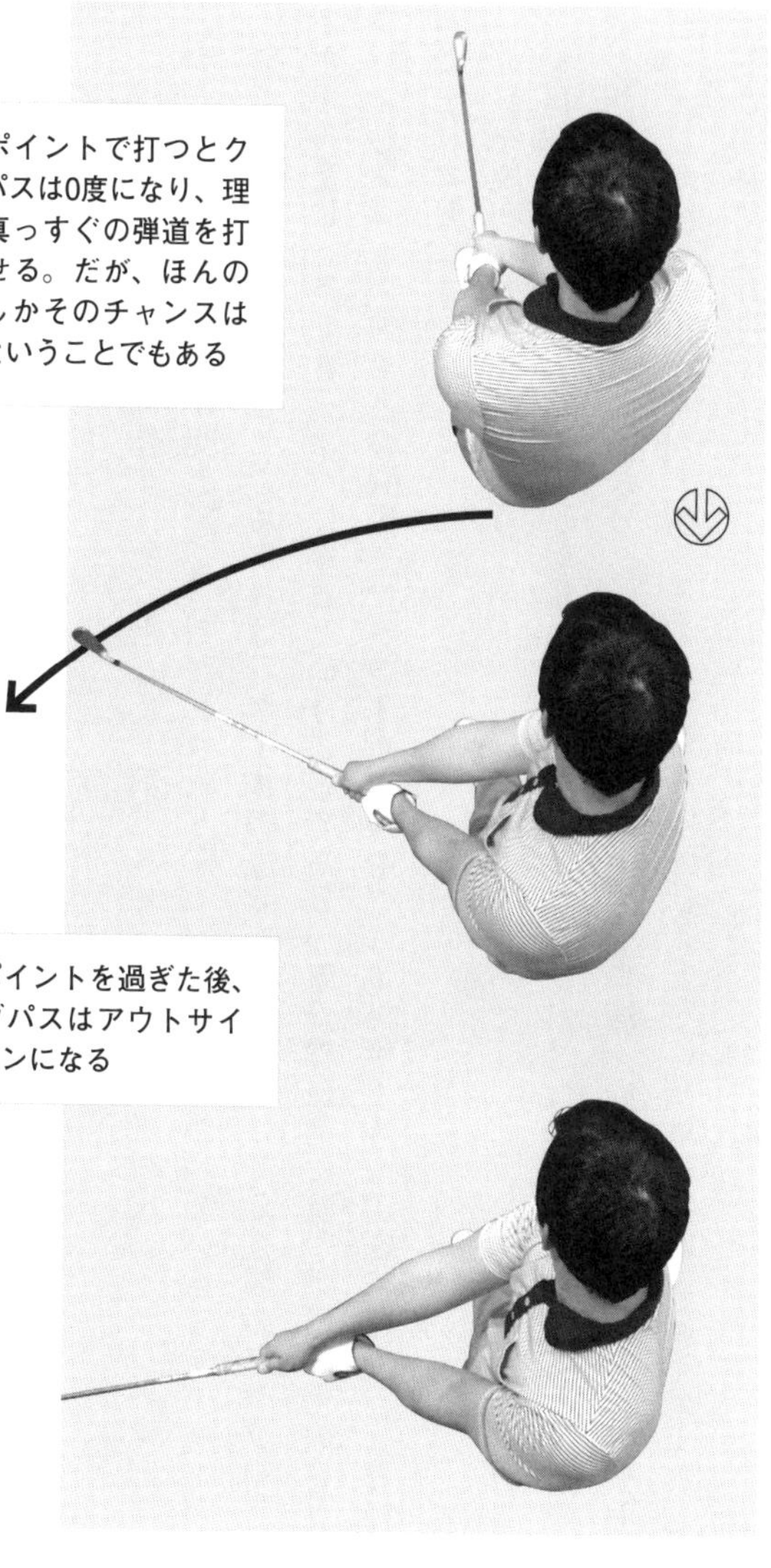

ローポイントで打つとクラブパスは0度になり、理論上真っすぐの弾道を打ち出せる。だが、ほんの一瞬しかそのチャンスはないということでもある

ローポイントを過ぎた後、クラブパスはアウトサイド・インになる

ローポイント基準のボール位置で打球の曲がり方が変わる

このように、特別な操作をすることなく、同じスイングをするだけで、クラブパスはインサイド・アウトから0度を経て、アウトサイド・インに切り替わっていきます。

ローポイントを安定させさえすれば、ボールの位置を変えるだけで3種類のクラブパスでボールをヒットできるようになるということであり、新飛球法則に基づけば、そのクラブパスとフェース向きとの関係で、ドローボールもフェードボールも自在に打てる、ということになります。

それを説明していきましょう。

ボールの位置がローポイントよりも手前の場合、クラブパスはインサイド・アウトになります。インサイド・アウトのクラブパスでフェースが目標を向いていれば（パスに対してクローズということ）、インパクトでボールの回転軸を左に傾ける傾向にあるので打球はドロー系になります。

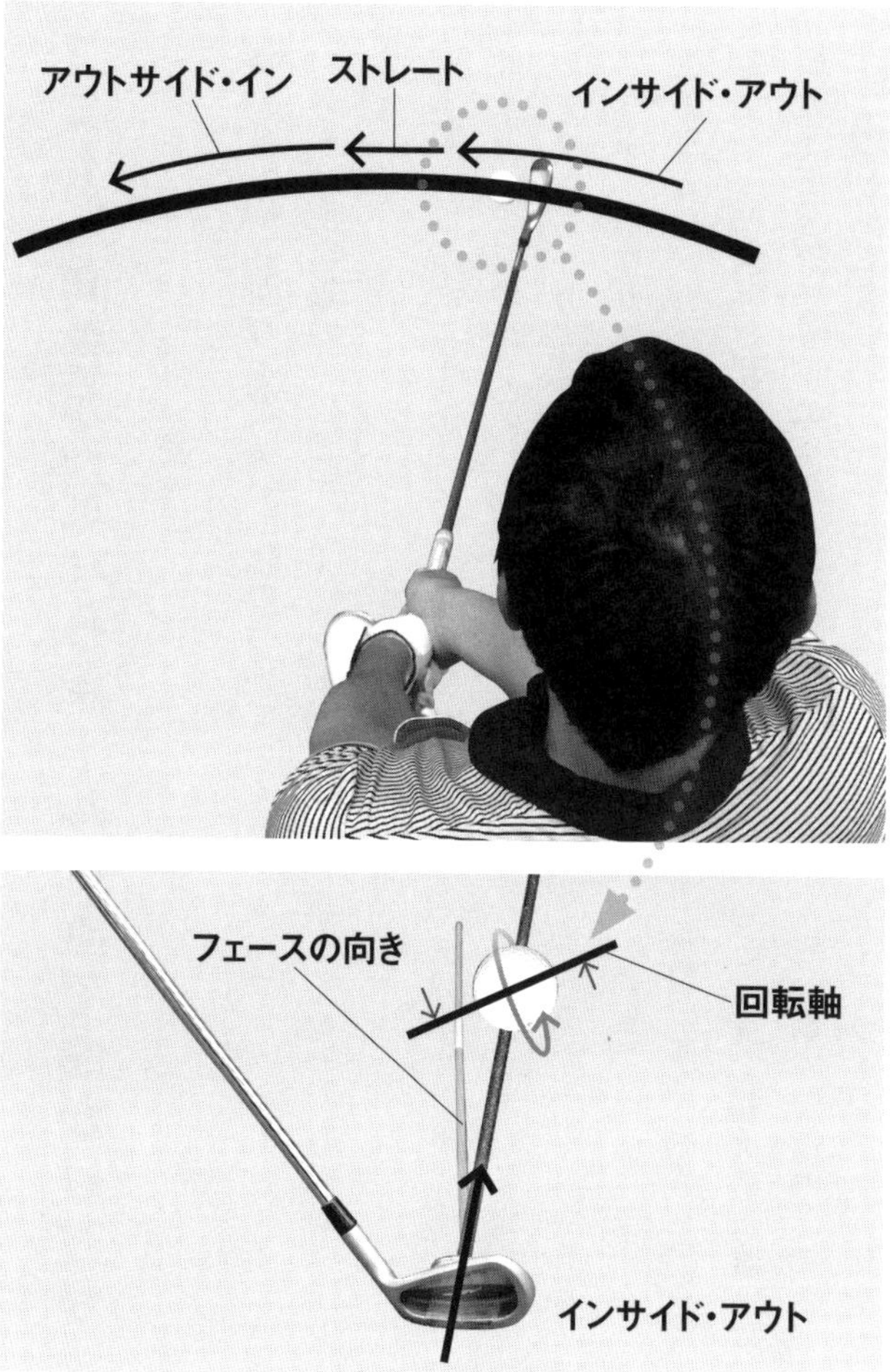

インサイド・アウトのクラブパスで、フェースの向きがターゲットに向いて（クラブパスに対してクローズ）インパクトすると、打球の回転軸は左に傾く。いわゆる「フック回転がかかる」と表現された現象が起きる

フェース向きが一定ならボール位置で曲がり方が決まる

ボールの位置がローポイントに近づいていくと、クラブパスも0度に近づきます。クラブパスが0度に近づくほどボールの回転軸の傾きが小さくなり、打球はストレート系になります。

ボールの位置がローポイントの後の場合、クラブパスはアウトサイド・インです。アウトサイド・インのクラブパスで、フェースがターゲットを向いていると、アークに対してはオープンになり、インパクトでボールの回転軸を右に傾ける傾向にあるので、打球はフェード系になります。

このように、ローポイントを考慮したうえでボールの位置を決め、フェースの向きをターゲットに向けた状態でボールを打つことができると、**同じ構えの向き、同じ動きでもインサイド・アウト、ニュートラル、アウトサイド・インのクラブパスのどれでもボールを打つことができます。**自分から意識的にインサイド・アウトやアウトサイド・イン軌道でクラブを振る必要はありません。

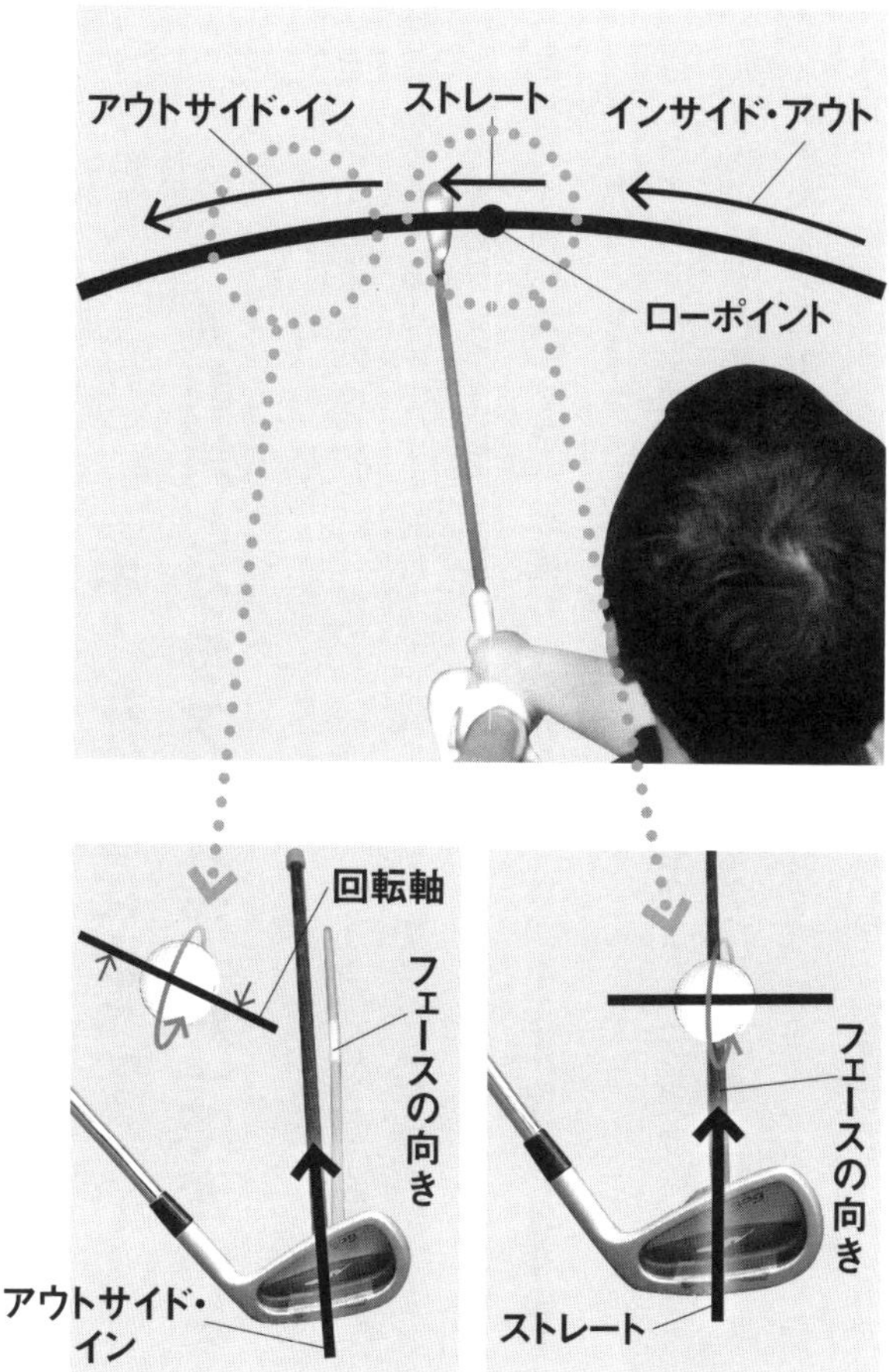

アウトサイド・インのクラブパスでインパクトするとき、フェースが軌道に対してオープン（右を向く）ならば、回転軸が右に傾き、フェード系の弾道になる

ストレートのクラブパスで、フェースが目標に向いて芯でインパクトすると理論上、ボールの回転軸は左右に傾かず、真っすぐ打ち出して真っすぐ飛ぶ打球になる

ボール位置によって入射角とクラブパスが「対」で変わる

ローポイントを基準にしてスイングすると、スイングの動きとしては一つで、しかも自然な動きをするだけで、入射角（アッパーブローかダウンブローか）とクラブパスを選べることを説明してきました。しかもその二つは、セットになって変わるということ。

そして、**何によってそれが変わったかと言えば、ボール位置だけなのです。**

もう一度まとめます。

ローポイントの手前にボールを置けば、入射角としてはダウンブローで、なおかつインサイド・アウトのクラブパスでドロー系の打球が打ちやすくなります。

ローポイントにボールを置けば、入射角としてはレベル。ストレート系の弾道です。

そして、ローポイントの後にボールを置けば、アッパーブローになり、アウトサイド・インのクラブパスでフェードが打ちやすくなるのです。

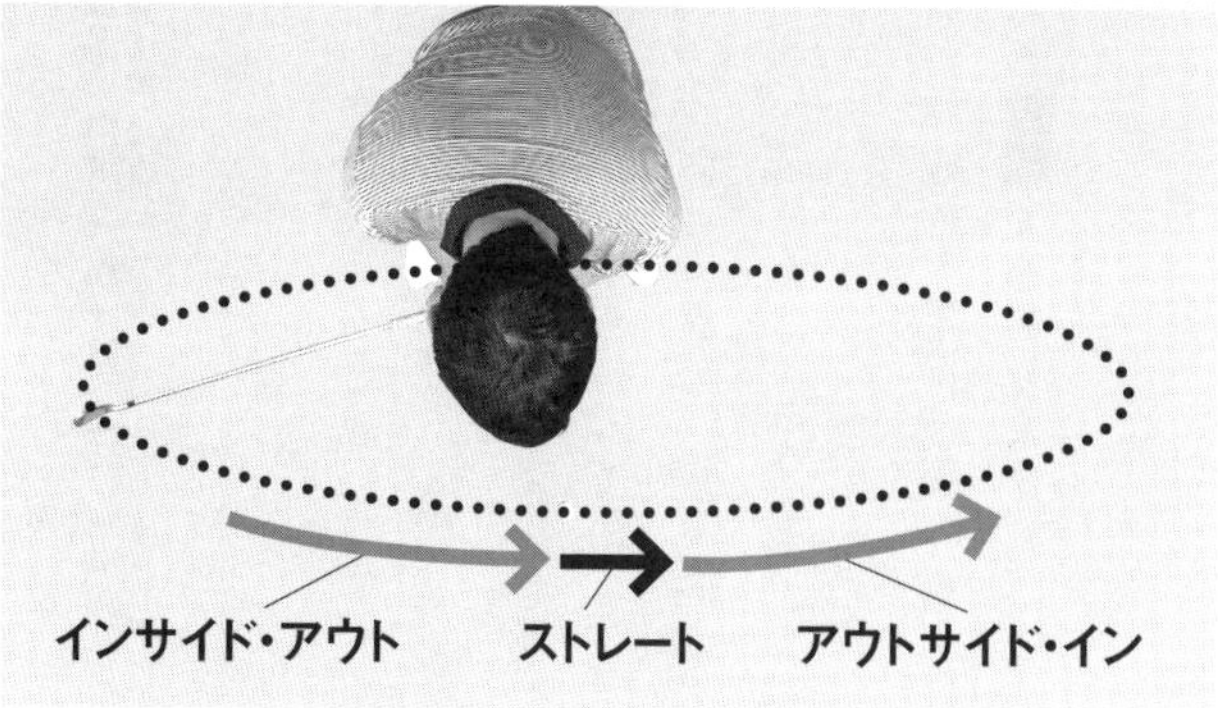

ローポイントを基準にしてスイングすると、ボール位置を変えるだけで、入射角（アッパーブローかダウンブローか）とクラブパスをセットで変えられる

ローポイントは「左肩＝左足付け根」の真下にくる

それでは、ローポイントはどこなのか？　という問いが当然あると思います。

基本的には、スイングアークの中心である左肩の下になるのですが、振り方、カラダの使い方によっては、その前後にズレる可能性があります。とくにいわゆる「体重移動」を激しく行なうスイングだと、毎回ローポイントがズレる可能性すら持っています。

第3章で説明するスイングは、頭を動かさないでバックスイングし、切り返しの動作を入れた直後に体重移動が完了し、左肩が左足の上にきて、その位置で振り抜きます。そのため、**ローポイントは安定して左肩の下になるのです。**

また、これから説明する動き方をするならば、左肩の位置は左足付け根の真上にきますから、**ローポイントは左足付け根の下と言い換えられる位置でもあります。**

大きな体重移動を使う動きはローポイントを安定させづらい

インサイド・アウトで大きなフォローをとる動きではローポイントは右足側にズレ、ボールのコントロールがしづらくなる

ローポイントは左肩の下。左足付け根の下とも言える位置にくる

過剰なハンドファーストやすくい打つイメージの動きではローポイントは全身の力を集約しづらい位置になってしまう

地面の上のボールを打つクラブは左足付け根からボール3個分右

それでは、ここから各クラブの設計コンセプトに基づいてボールの位置について考えてみましょう。

ウエッジからアイアンは地面に置いてあるボールをダウンブローで打つように設計されています。ですから、ローポイントの手前にボールを置くと、意識しなくともダウンブローになるため、打ちやすくなります。

ローポイントの手前でインパクトを迎えるということは、クラブパスはインサイド・アウトになりますから、ドロー系のボールが打ちやすくなる、ということでもあります。

目安として、**ウエッジからアイアンはボール位置を左足付け根からボール３個分のところにすると良いと考えています。**

ウエッジからアイアンはボール位置を左足付け根（ローポイント）からボール3個右。アイアンは番手ごとにボール位置を変える必要はない

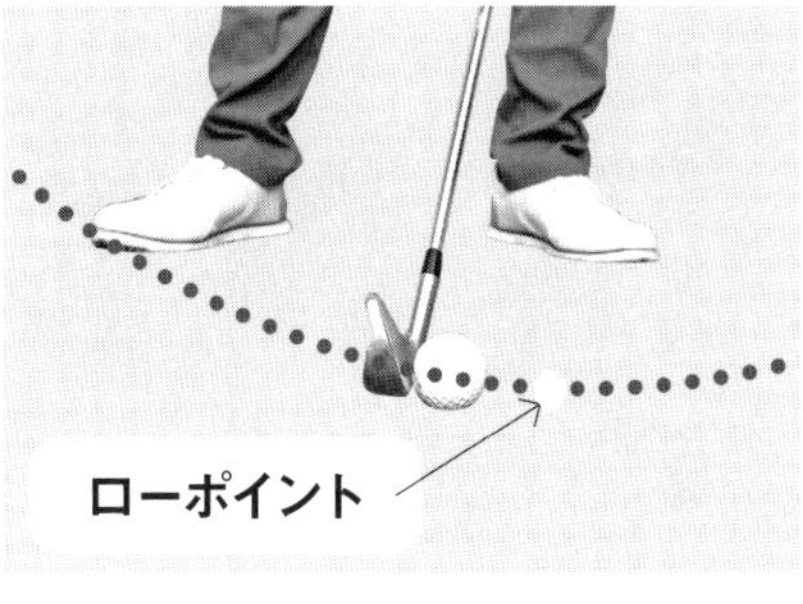

ローポイントの手前にボールを置けば、自然にダウンブローになると同時に、ドローボールが打ちやすくなる。打球の曲がり方もセットで決まってくるということ

フェアウェイウッドとハイブリッドのボール位置

フェアウェイウッドとハイブリッド（ユーティリティ）も、アイアン同様、地面の上から打つよう設計されたクラブです。

しかし、アイアンに比べてソールが広いため、アイアンと同じ位置にボールを置いてダウンブローに打とうとすると、入射角が急すぎてヘッドが地面に弾かれる可能性が出てきます。そこで、**フェアウェイウッドはボールの位置を左足付け根からボール1.5〜2個分、ハイブリッドはボール2個分右にすると打ちやすくなります。**

この位置にボールを置くと、アイアンよりもよりゆるやかなダウンブローになります。なおかつ、ほんの少しのインサイド・アウト軌道でインパクトするので、やはりドローボールが打ちやすくなります。

ドライバー以外は、基本的に地面の上にあるボールを打つことが目的であり、ダウンブローでヒットするように設計されている、ということです。それに応じて、ローポイントより右にボールを置いて打つことが効率良く使いこなすカギとなります。

フェアウェイウッドはハイブリッドと同じからボール1.5個分右。ゆるやかなダウンブローでインパクトすれば機能を引き出せる

ハイブリッドは右足付け根の正面からボール２個分右で、ちょうど良いゆるやかなダウンブローで打てる

ティアップしたボールならばストレート軌道で打てる

ドライバーはアイアンやフェアウェイウッドなどと違い、地面から打つように設計されてはいないクラブです。ダウンブローでも打てますが、ティアップした状態のボールならばダウンブローでない入射角でも打つことができます。

ドライバーを打つ場合の目安として、**ボールの位置は左足付け根の前からボール1個分くらいまで右に置くと、ローポイントのごく近くでインパクトを迎えることができます。**ローポイントの近くでインパクトできるということは、よりニュートラル（0度）に近いクラブパスで打てる、そしてレベルブローで打てるということ。つまりほとんどストレートな球を打ちやすいことになります。

「ティアップしたボールを打つのだからアッパーブロー（つまりローポイントの後）で打たなければいけない！」と思い込んでいる人が多いのですが、アッパーで打つということは、クラブパスはアウトサイド・インで、フェースはターゲットよりも左を向いた状態でインパクトすることになります。フェードボールを打つ場合はこれでいいのですが、ドライバーでもドローを打つならば、やはりボールはローポイントの手前、しかも曲がりの少ないドローを打つならばできる限りローポイントに近づけたほうが有利なことがおわかりいただけると思います。

ドライバーは右足付け根の前からボール1個分右で、レベルで打てる。アッパーブローで打つことは、アウトサイド・インで打つことになり、インパクトのエネルギー効率としては低下する打ち方になる

ショットコントロールを考え実践的な技術を手に入れよう

ここからは、実践的なショットメイキング、そしてそれを実現するために必要なことを説明していきましょう。

実践的なショットとは狙った地点へ確率高くボールを運べるショットのことです。それは、狙った地点へ真っすぐ打つ（左の図の④）ということではありません。ゴルフコースでショットを打つにあたり、平らな場所はありません。そのうえ、風などの条件が重なると、真っすぐなショットを打ち続けるのは困難と考えるのが合理的です。

そこで出てくるのが、**実践的なショットという考え方です**。これは狙った地点へ真っすぐ運ぶのではなく、右なら右、あるいは左なら左へ放たれた後、目標へ戻ってくるショットのことです(左の図の①はドローの場合。フェードも同様。以下同)。このほうが、平らではないライからでも、また風などの影響があっても、狙った地点の近くへと、より高い確率で運べるのです。ただし、右へ打ち出してそのまま真っすぐ（プッシュ＝左の図の

②）や、さらに右に曲がる（プッシュスライス＝左の図の③）は確実に避ける方策も必要です。

それではどのようにすれば、そうした実践的な球筋を放つことができるのでしょうか？

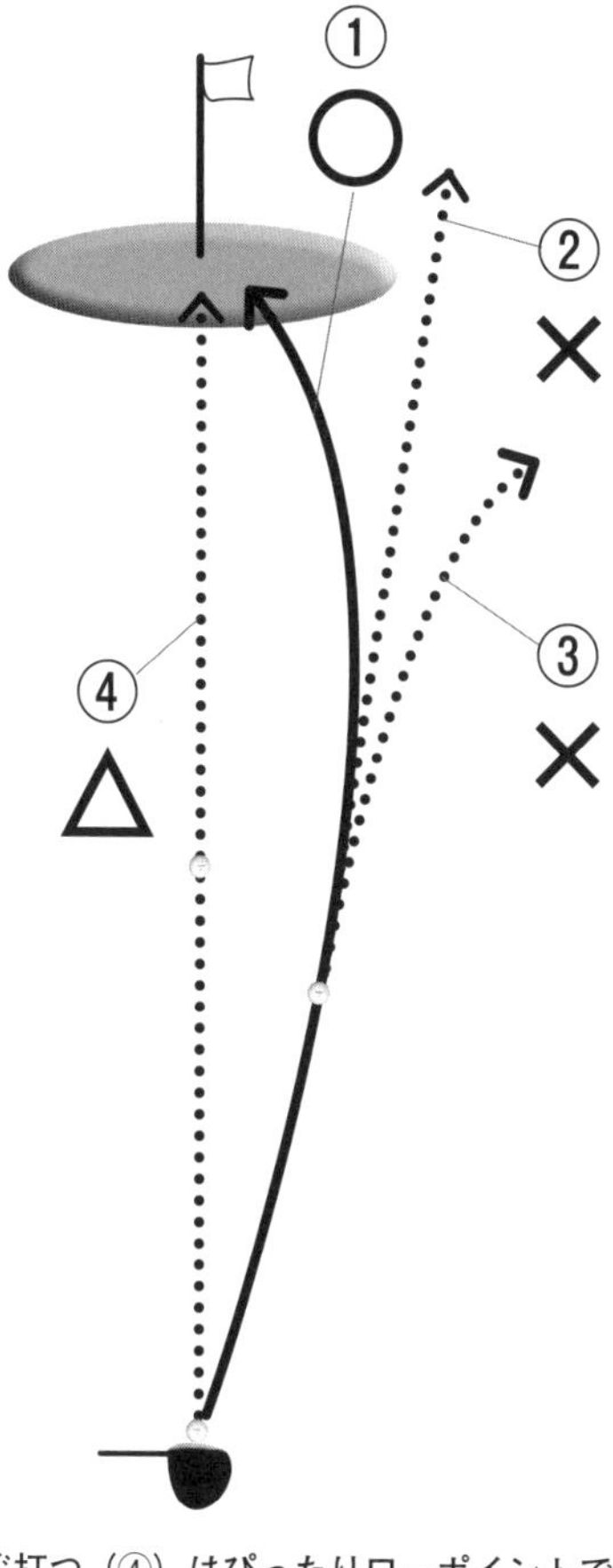

真っすぐ打つ（④）はぴったりローポイントで打つ精度と、平らなライ、横風のない状態など好条件が重ならなければ実現できないため現実的ではない。右に打ち出してドローで戻す（①）狙い方のほうが成功の確率が高まる。つまり実践的

フェースアングルとクラブパスの組み合わせを限定する

左のイラストと写真を見てください。右に打ち出す場合、クラブパスとフェースの向きの関係は、①から③までの3種類に分けられます。

この中で、右に飛び出し、左に返ってくる実践的なドローボールとなりやすいのは、①の組み合わせです(「なりやすい」と表現したのは、必ずしもそうはならないためです。芯で打った場合はそうなりますが、芯を大きく外した場合はギア効果がかかるなどして、この通りにはならなくなるからです)。

フェースがターゲットラインよりも右を向いているので、ボールはまず右に放たれます。しかしインパクトで、クラブパスに対してフェースの向きがクローズになるので回転軸が左に倒れ、ボールには左に返ってくる回転がかかります。

②はクラブパスとフェースの向きが同一なのでボールはそのまま右に真っすぐ飛んでいき、③はクラブパスに対してフェースが開いているので右に飛び出したボールはさらに右

に曲がっていきます。

左に打ち出す場合は、フェース向きとクラブパスの組み合わせをこれと逆にすれば、達成できます。

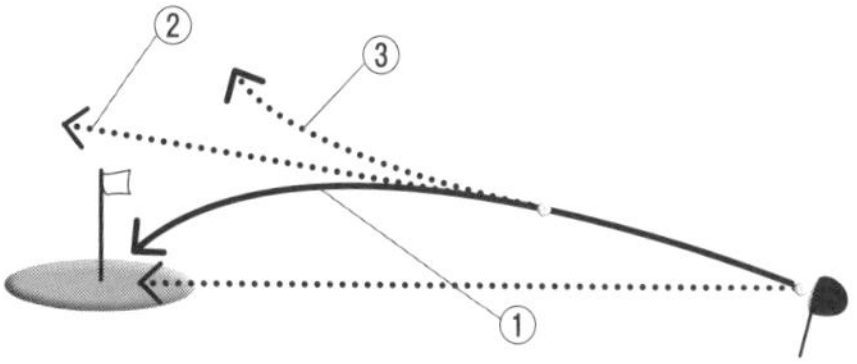
②
③
①

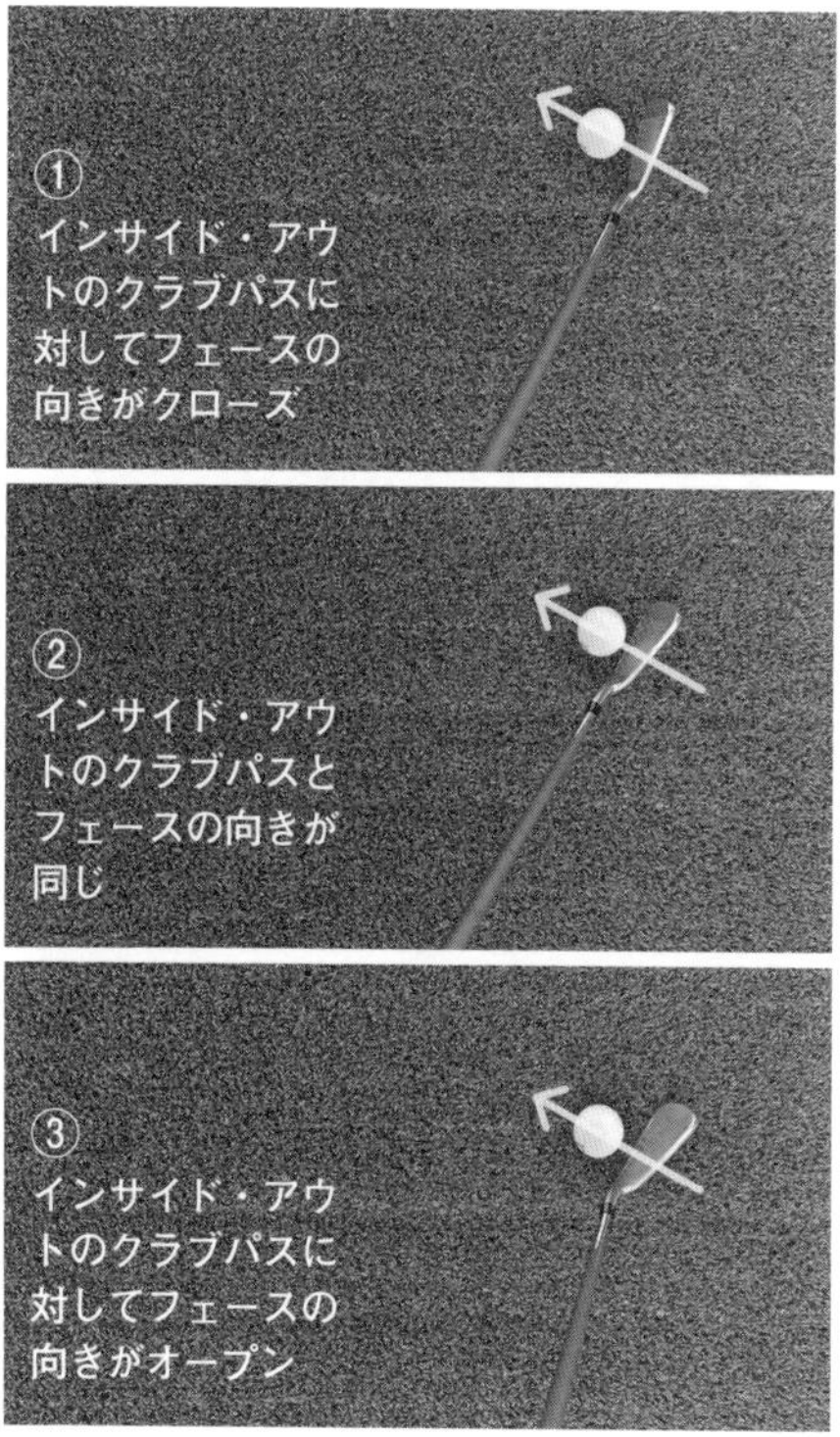
①
インサイド・アウトのクラブパスに対してフェースの向きがクローズ
②
インサイド・アウトのクラブパスとフェースの向きが同じ
③
インサイド・アウトのクラブパスに対してフェースの向きがオープン

右に打ち出してドローでターゲットへ戻してくる打球が打てるのは①の組み合わせ（芯で打った場合）

もう、お気づきだと思いますが、**ロ一ポイントを安定させるということは、スイングプレーンの向きも安定させることになります**。

旧法則は、ターゲットの右に打ち出して戻してくるドロー系の打球を打つには、プレーンをインサイド・アウトにしなければならないと考えられていましたが、実際には無理してプレーンの向きを変えなくてもドロー系は打てます。プレーンの全体はアウトサイド・インでも、ボール位置を変えることで、クラブパスとしてはインサイド・アウトでインパクトしてドロー系の打球を出すことも可能だからです。これは、当然左に打ち出して戻すフェードボールも同様です。

3
PART

ローポイント・コントロール
Low Point Control

ローポイントをコントロールしきる最新スイングのつくり方

ローポイントが常に同じになるスイングを身につける

ローポイントをコントロールできるようになると、弾道のコントロールも含め、ショットの精度を高められます。とくに、ローポイントの少し手前でインパクトを迎えることができると、ダフリを防ぎながらドローボールを打ち続けることができるのです。

では、それを実行するために肝心な、ローポイントが常に同じになるスイングの身につけ方をここから説明していきましょう。

カラダの動きの詳細を、スイングの局面ごとに説明したいと思いますが、その前にスイングの局面についての切り分け方を紹介しておきます。**「Pシステム」と言い、ゴルフレッスンが最も進化しているアメリカをはじめとした各国で一般化しているものです。**スイングの局面を細かく10に分けていますが、腕かシャフトが地面と平行という明確な基準によっているので、それぞれ指摘する内容を混乱なく説明することができます。

PシステムのPは「ポジション（Position）」です。

P1

アドレス

P2

バックスイングで
シャフトが地面と平行

P3

バックスイングで
腕が地面と平行

P4

トップ

P5

ダウンスイングで
腕が地面と平行

P6

ダウンスイングで
シャフトが地面と平行

P7

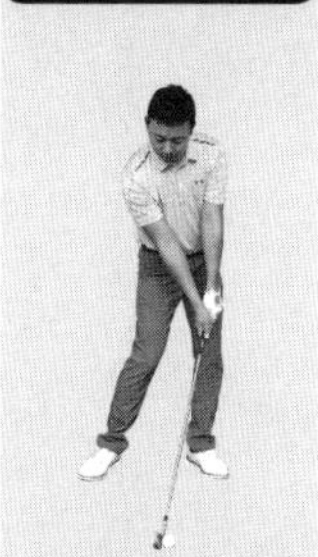

インパクト

P8

フォロースルーで
シャフトが地面と平行

P9

フォロースルーで
腕が地面と平行

P10

フィニッシュ

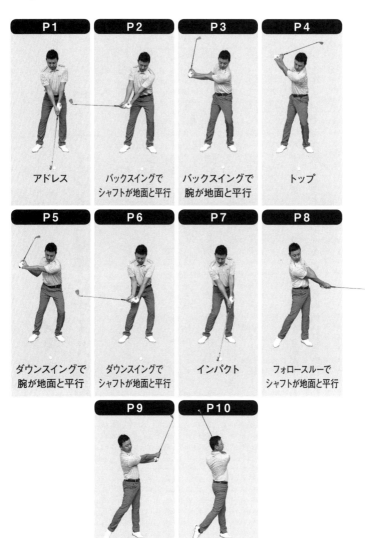

P1＝アドレス
ローポイントを基準にボール位置をセット

Ｐ1はアドレスです。まずグリップを除いた、カラダのセットの仕方を説明しましょう。**どのクラブも基本的には同じイメージで構えます**。

まず、スタンス幅は肩幅。両方のツマ先を少し開いてください。ヒザの角度は少し曲げ、足の裏での体重配分は、ツマ先とカカトが50対50です。

骨盤から前に倒し、腰を反らないように前傾をつくります。背骨は真っすぐにする必要はなく、左右についてては、地面と垂直ではなく、少し右に傾きます。

前傾角度は20度から30度、これはクラブの長さ、ライ角によって変わってきます。

腕は自然と垂らしてください。

そして、最も大切なことは、**ボール位置を、ローポイントを基準にして的確に決めること。ローポイントは左肩の真下、ちょうど左足の付け根の正面にくるはずです**。

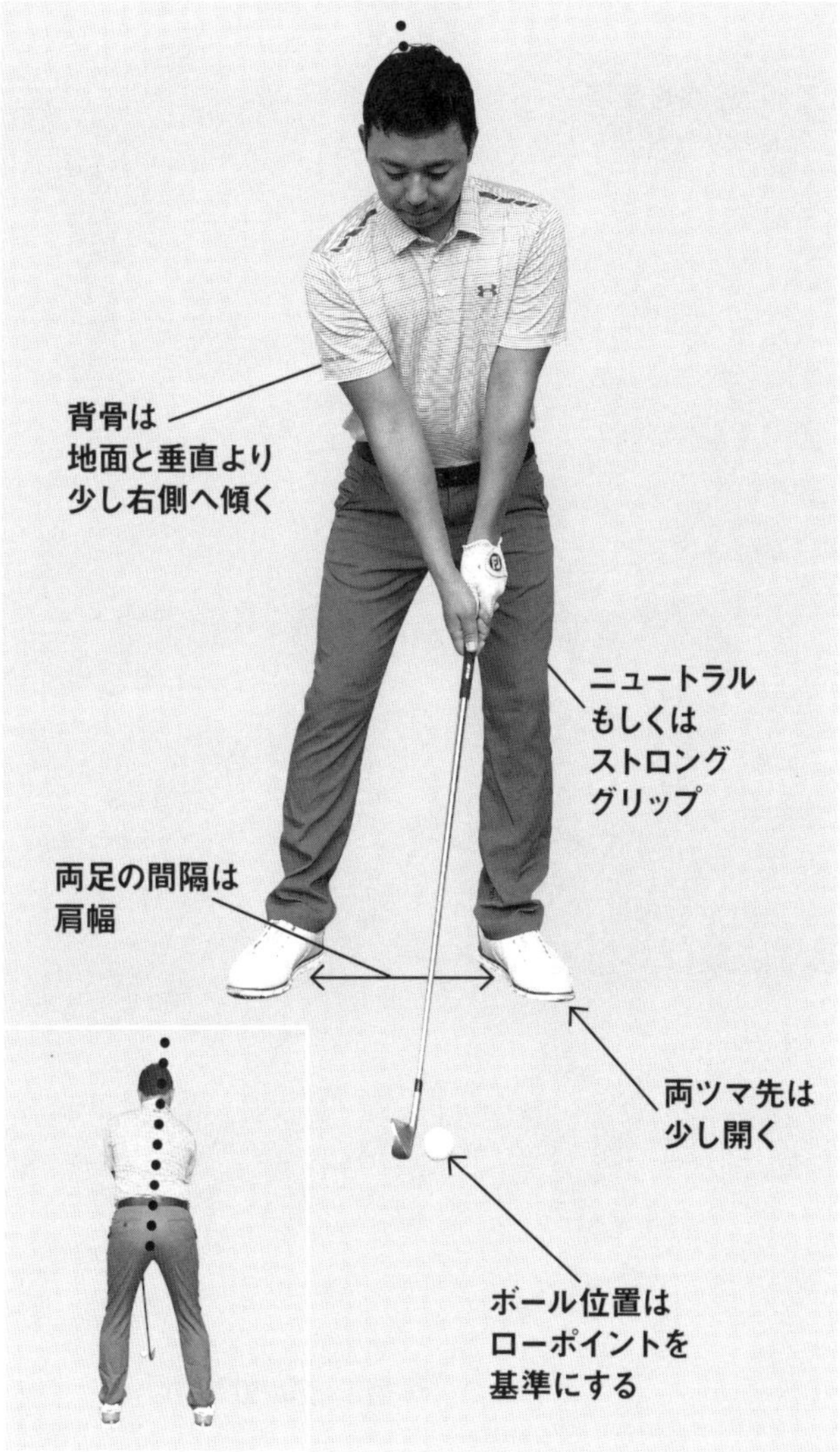
背骨は
地面と垂直より
少し右側へ傾く
ニュートラル
もしくは
ストロング
グリップ
両足の間隔は
肩幅
両ツマ先は
少し開く
ボール位置は
ローポイントを
基準にする

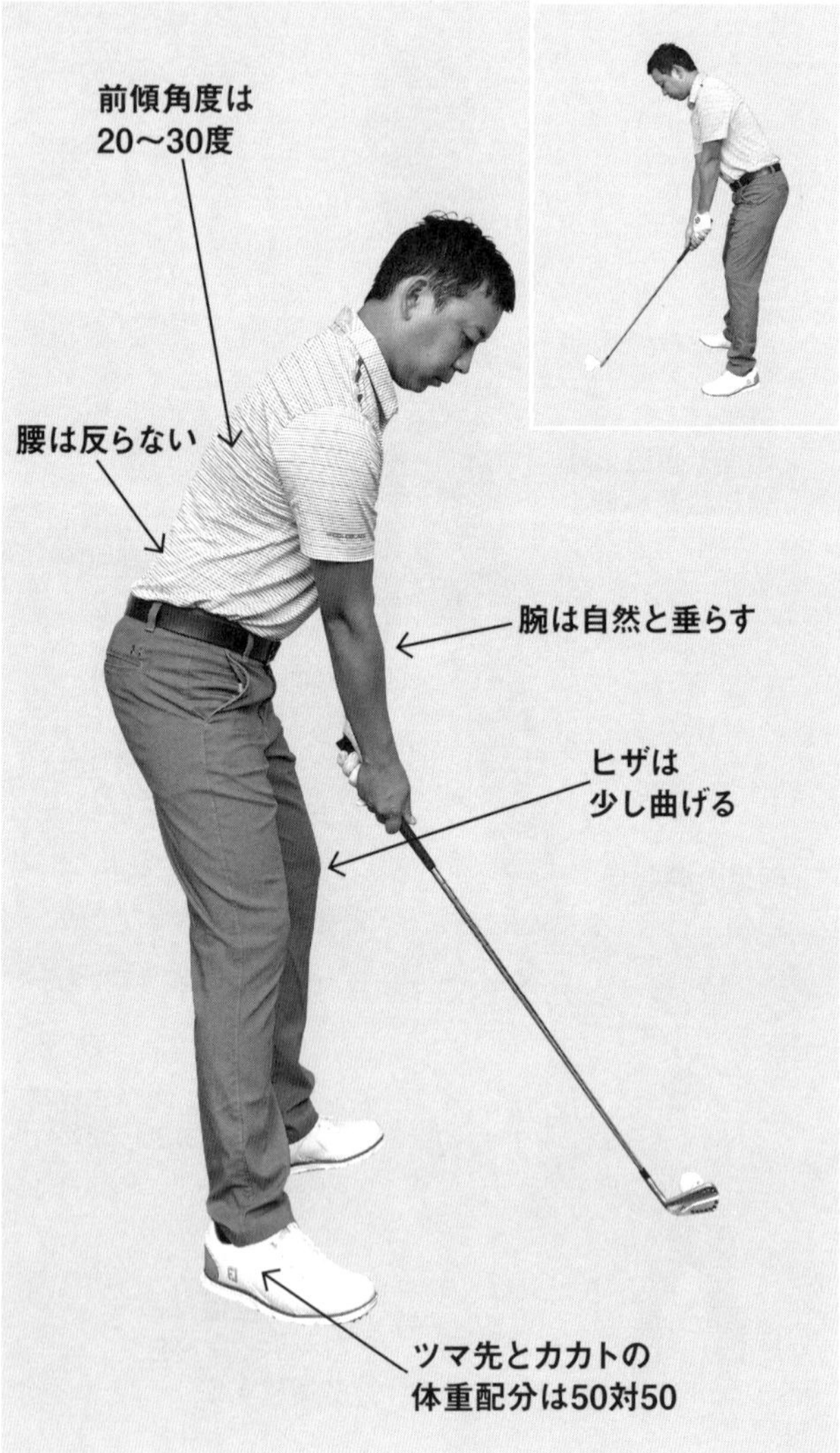
前傾角度は
20〜30度
腰は反らない
腕は自然と垂らす
ヒザは
少し曲げる
ツマ先とカカトの
体重配分は50対50

構えた時の手の高さは高すぎず、低すぎず

アドレスのチェックポイント

手元が高い構え方は肩前面の筋肉（三角筋）を緊張させてしまうため、リラックスしたスイングができなくなります。逆に手元が低い構え方はコッキングしやすいので、手首を使いすぎてしまうスイングになる傾向があります。

トウ側が地面から少し浮く状態でセットして、グリップする

P1＝グリップはスクエアにしやすい向きで

グリップはスイング中フェースをスクエアに保ち続けやすい「ニュートラルグリップ」をおすすめします。スクエア・トゥ・アークの状態を保ちやすいからです。

ウイークグリップは右に飛びやすく、フックグリップは左に飛びやすい。それは単純に、ウイークに握るとフェースが右を向き、フックに握ると左を向くためです。

ニュートラルで握って打ってみて、ボールが少し右に流れるようなら左手だけ少しかぶせるように握るストロンググリップにすると、ボールが捕まりやすくなります。**このストロンググリップでの右手は、ニュートラルな向きであることに注意してください。**つまり、握った手を開いたとき、両手のひらはぴったり合う向きではなく、「ハの字」になるということです。

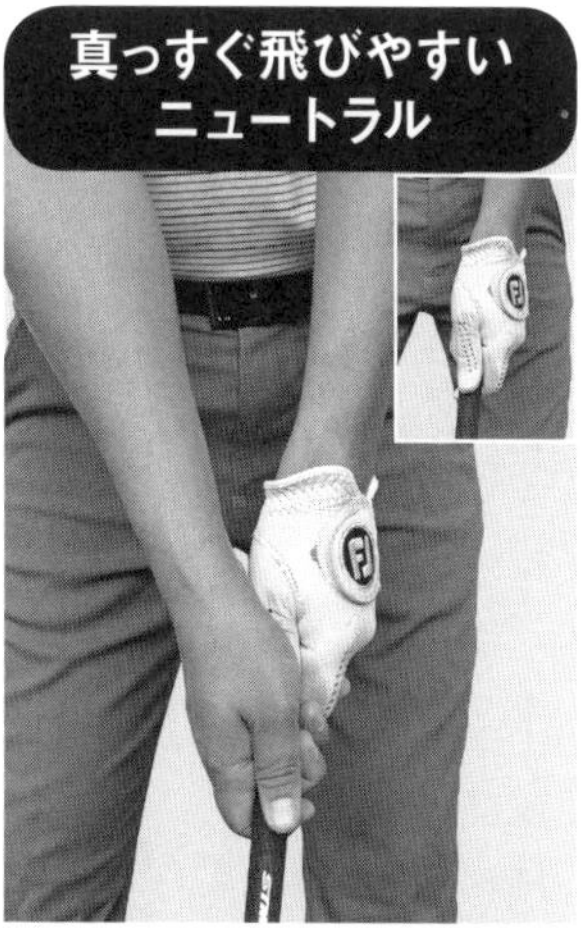
真っすぐ飛びやすい
ニュートラル

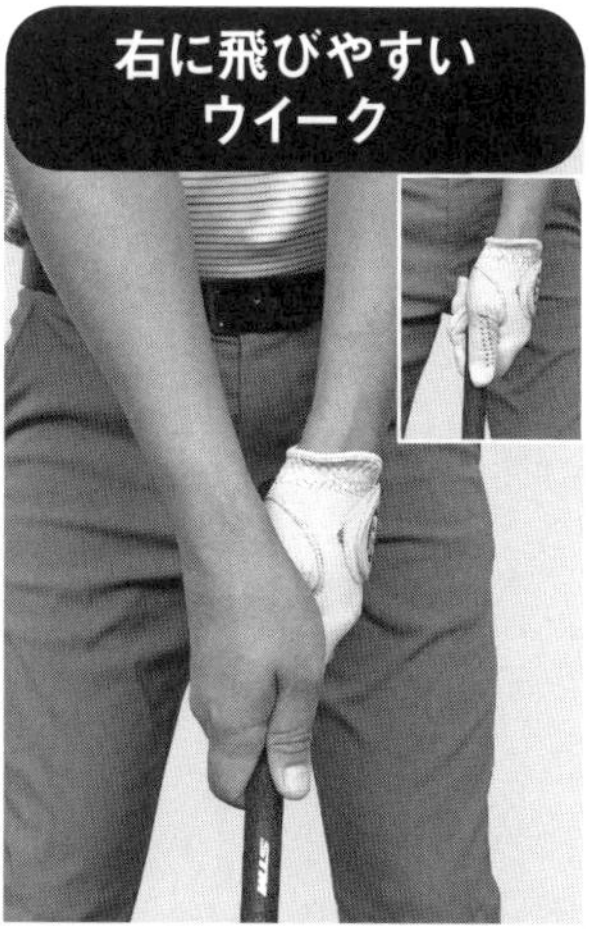
右に飛びやすい
ウイーク

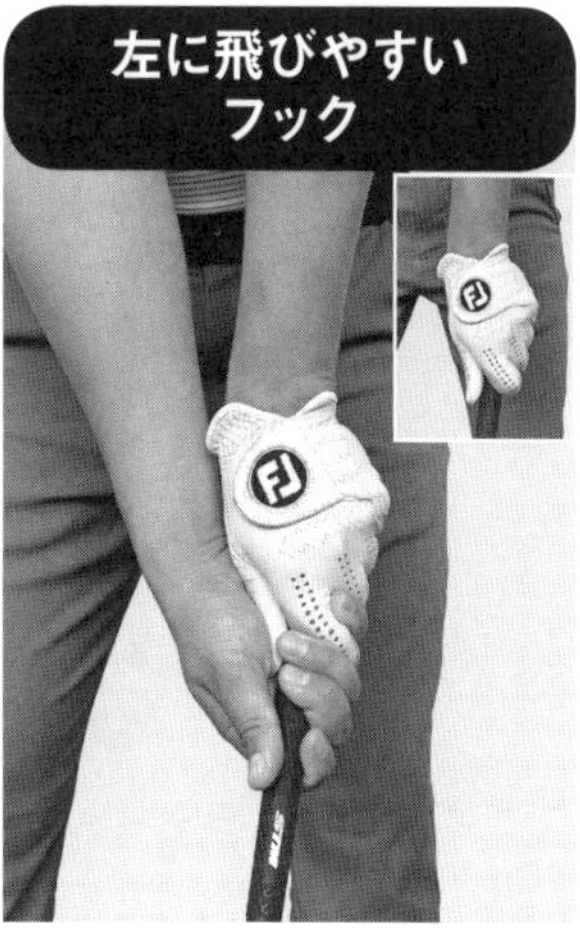
左に飛びやすい
フック

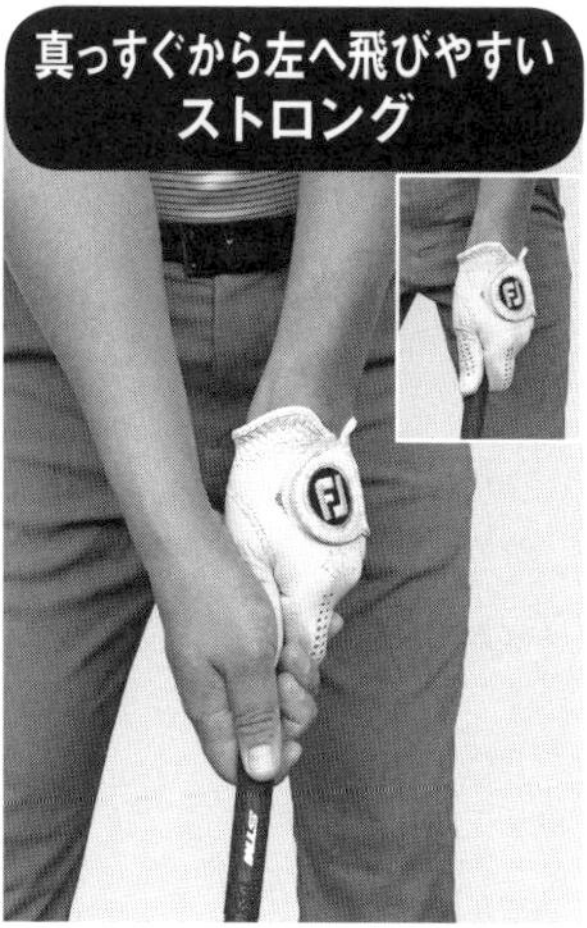
真っすぐから左へ飛びやすい
ストロング

P1でのフェースの向きは少し右を向ける

構えた時、フェースは少し右を向けておきます。なぜなら、ローポイントでフェースがスクエアになることを基準に構えるからです。

ボールを置くのは、ローポイントの手前でした。と言うことは、フェースは開いているのが自然なのです。

つまり、ボールの位置では開いていたフェースが、ローポイントに向かって閉じていきながらボールをヒットすることになります。

とくに、ドローを打つうえでは、ボールは右に打ち出すのですから、フェースは右に向けて構えておくことが正解ということでもあります。

クラブは長くなるほど、構えたときにトウアップするため、左に飛びやすくなります。**ライ角がかなりフラットなモデルでないかぎり、長いクラブほど開いて構えていいのだと考えてください。**

ローポイントの手前（ボール位置）では、フェースは開いている

ローポイントでフェースはスクエア

アドレスのオススメ手順

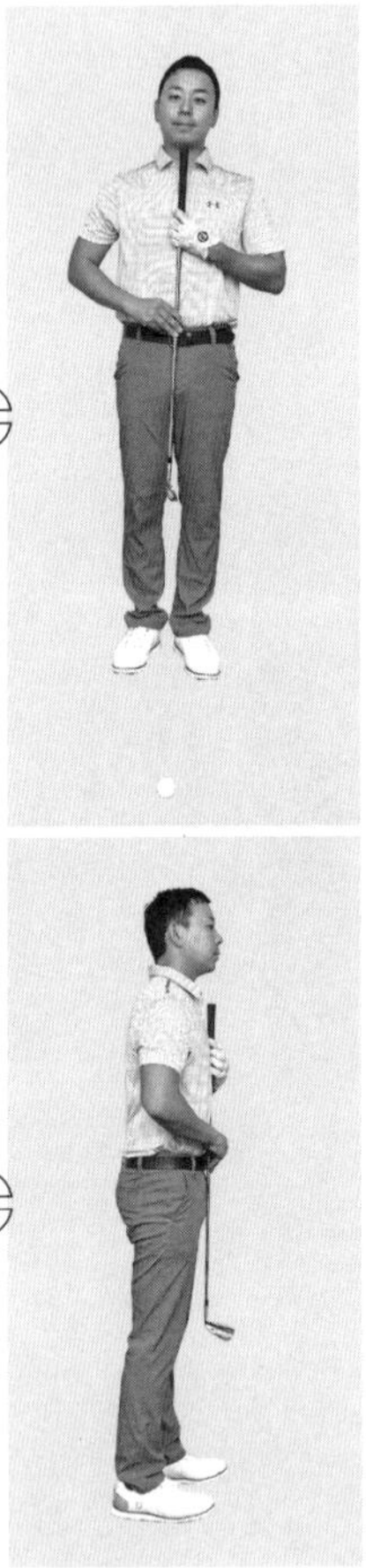

①
クラブを
胸につけた状態で
真っすぐ立ち、
両ツマ先を開く

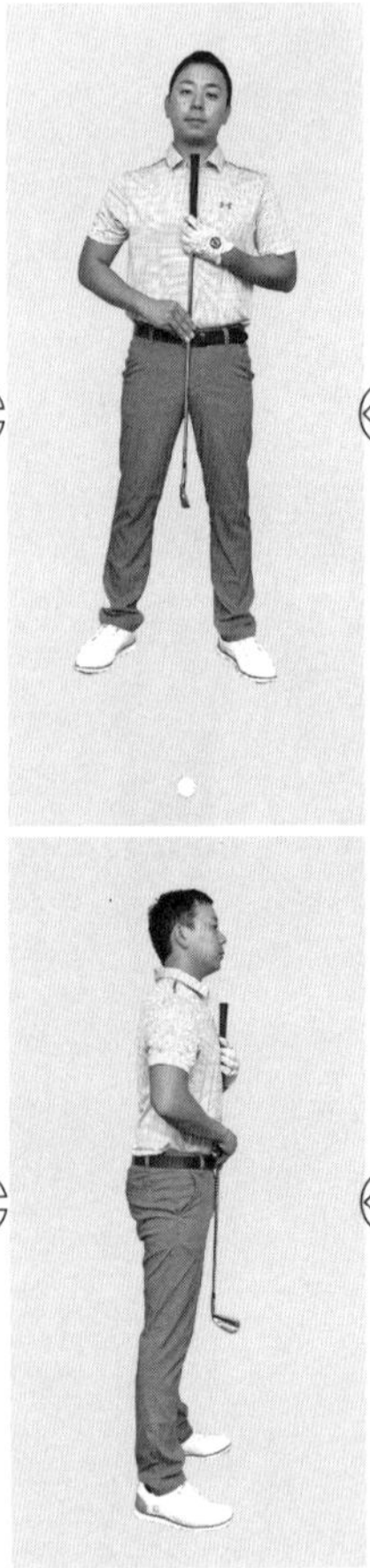

②
肩幅に足を開く

③
20～30度ほど
前傾する

④
ヒザを少し曲げる

⑤
腕をだらんと
垂らし
左手から構える

P2＝テークアウェイ　体幹の動きでシャフトを水平に

P2はバックスイングで、シャフトが地面と平行になるポジションです。つまり、バックスイングの始まり（テークアウェイ）の動きの結果、たどり着く位置です。

ここで大切なことは、**第一に頭の位置が動かないこと**。つまり上下左右に動かないことです。そして、前傾角度も保つ。つまり前後にも動かないことです。

また、**手首を折ったり、前腕を返す動きは意識的にはまだ使わず、体幹の動きを主体にこの形まで動かしてくることも大切です**。ですからこの時点では、手はまだベルトの高さよりも低い位置にあります。

フェースの向きは飛球線後方から見たときに、前傾した上半身のラインとリーディングエッジが平行、シャフトは地面と平行になると同時に飛球線とも平行。

体幹の動きは、すでに腰よりも肩のほうが大きく回り、捻転差をつくり始めています。腰の左側より右側が高くなりますが、左右の肩の高さの違いはさらに大きくなっています。

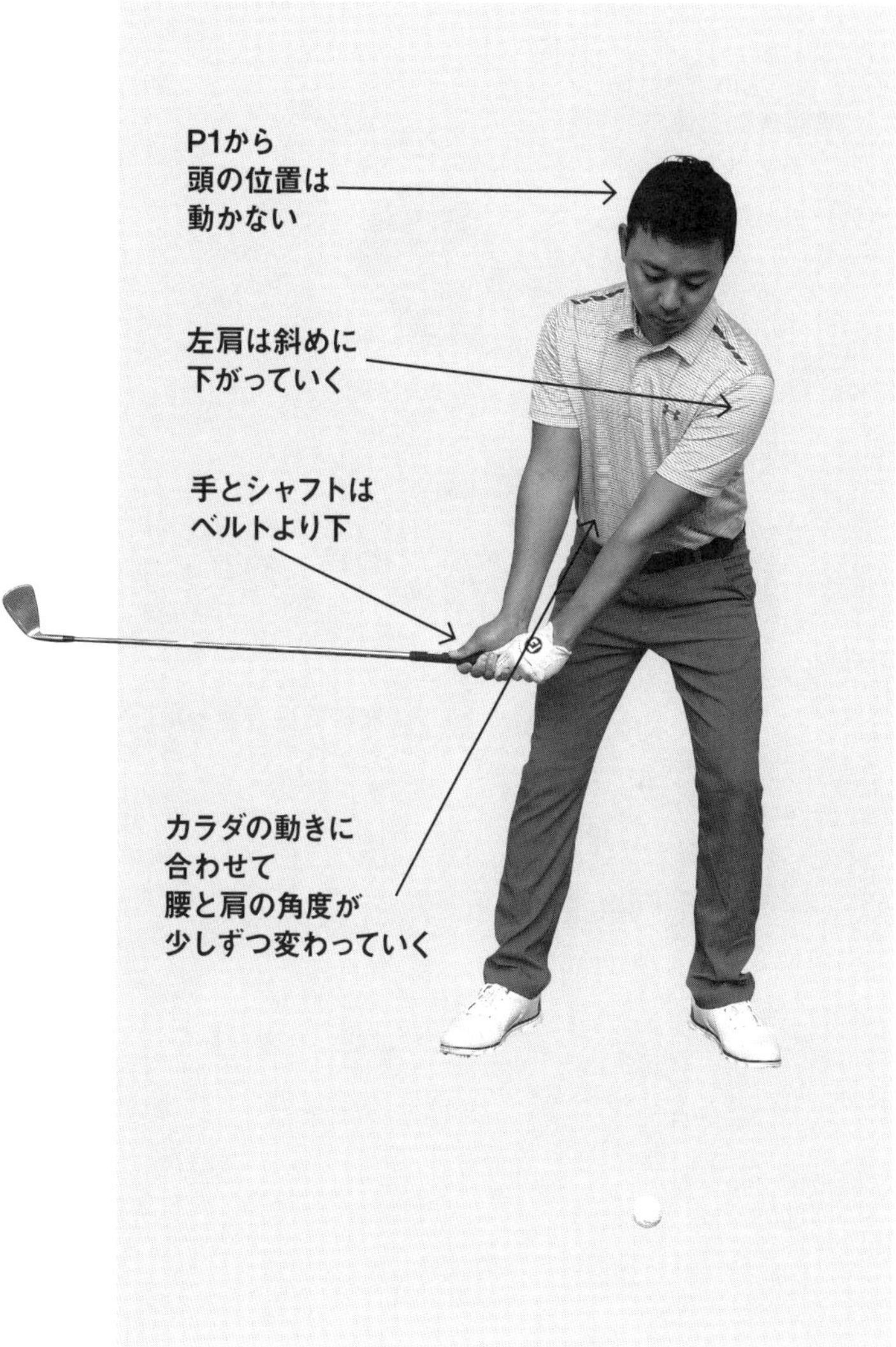
P1から
頭の位置は
動かない
左肩は斜めに
下がっていく
手とシャフトは
ベルトより下
カラダの動きに
合わせて
腰と肩の角度が
少しずつ変わっていく

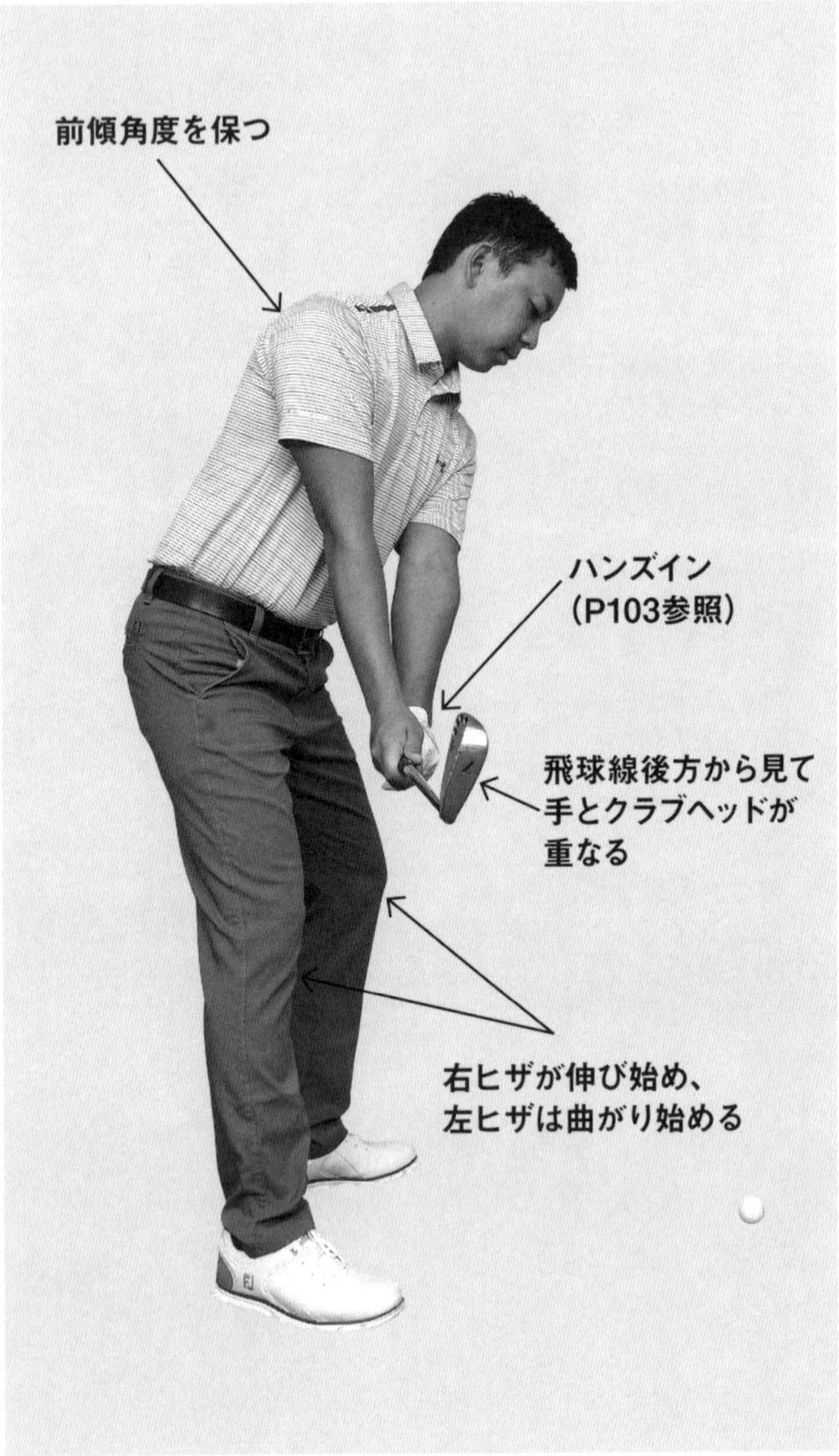
前傾角度を保つ
ハンズイン
（P103参照）
飛球線後方から見て
手とクラブヘッドが
重なる
右ヒザが伸び始め、
左ヒザは曲がり始める

P2ですでに両手はインサイドに入ってくる

クラブを動かし始めた瞬間から、その軌道は弧を描きます。ヘッドが動く軌道は地面に対して斜めですから、ヘッドは正面から見れば上昇していき、上から見ればインサイドへ入っていくのです。

その際、**クラブとカラダの接点である手も、同じように上とインサイドへと動きます。これが「ハンズイン」**。

つまり、「真っすぐ動く数センチ」はありません。これには、「バックスイングで体重を右足に乗せる」という要素がないことも要因として挙げられます。

アドレスの状態から上体を起こし、直立します。その状態で、P2をつくるときと同じだけ体幹を回転させ、そのあと、股関節で前傾してみましょう。シャフトは飛球線と平行にはならないと思います。ここから、右ヒザを伸ばして左ヒザを曲げ、さらに左側へサイドベンド（側屈＝上体を横に倒す）の動きを加えると、正しいP2のポジションになります。

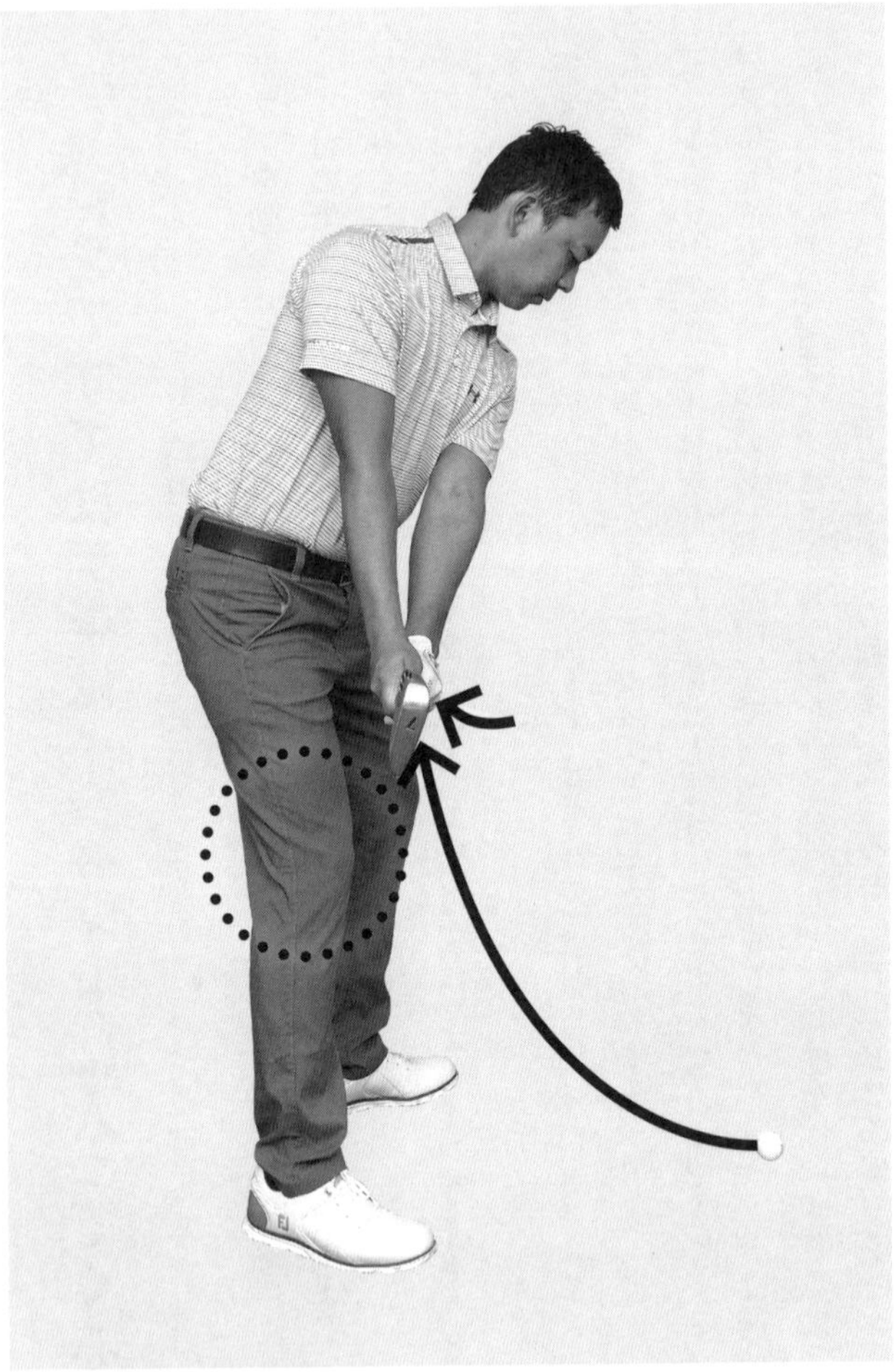

始動からすぐに手がインサイドへ動くことで、クラブを含めすべてが正しいポジションに移動する。そこには、体幹が回転するだけでなく、左右のヒザの曲げ伸ばしの動きと、体幹のサイドベンドが加わっている

P2での ハンズイン&ヘッズアウト

アドレスしたときに手の真下に飛球線と平行にクラブなどを置いてください。それが示しているラインに対して、手は内側（ハンズイン）で、ヘッドは外側に出る（ヘッズアウト）ように動かします。自分の目線で、このラインに平行にするつもりで上げていくと、実際にはヘッドはインサイドに上がってしまいます。

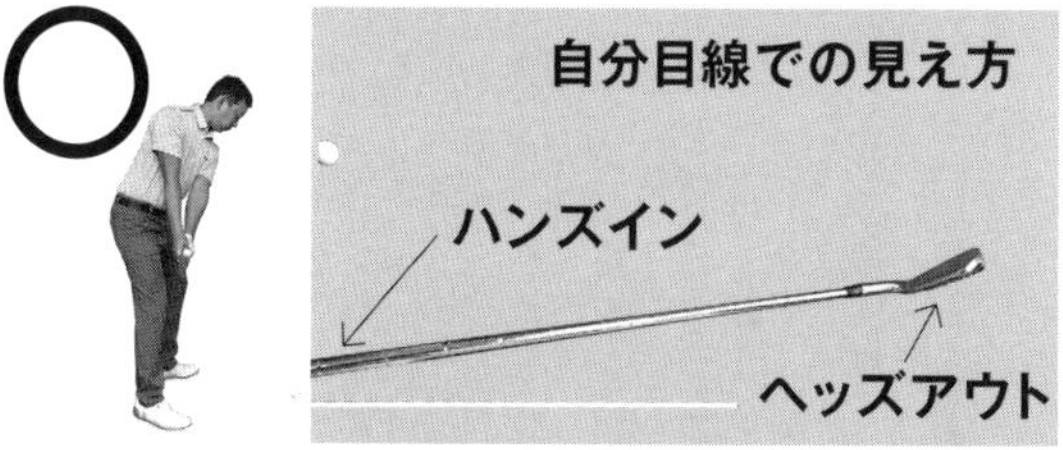

飛球線に対し、手は内側、ヘッドは外側へ上げていくイメージで動かすと、Ｐ２の正しいポジションになる

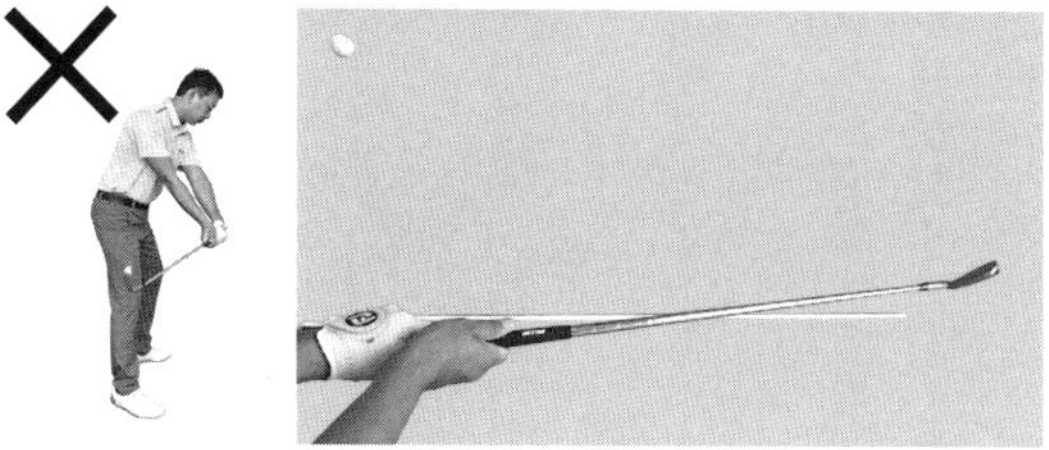

シャフトを飛球線に平行にしようというイメージで動かすと、必要以上にインサイドに上がってしまう

P2までのシャフトの回転を意識する

フェースの向きはスイング中スクエアに保っておいたほうが、ショットはよりコントロールしやすくなります（スクエア・トゥ・アークの項＝52ページ参照）。

P2では、リーディングエッジが上体の前傾角度と平行が、アークに対してのスクエアになります。ですから、トウが真上を向いていたらオープン、トウが下を向いていたら（前傾角度よりもリーディングエッジのラインが地面を向いていたら）クローズです。

オープンだとフェースを開きながらスイングすることになるのでスライスしやすく、反対にクローズだとフックしやすくなます。

スイング中のフェース向きを狂わせてしまう原因は、「シャフトが回転する量」にあります。シャフトはまったく回転しないわけではなく、適度な回転量があります。テークアウェイ中に必要以上に回転するとフェースはオープンになり、回転が少ないとクローズになるのです。

自分のやりやすいシャフトの回転のさせ方とその適度な量を見つけることができると、フェースをスクエアに保ったスイングがしやすくなります。

フェースが開くのは回転させすぎた結果

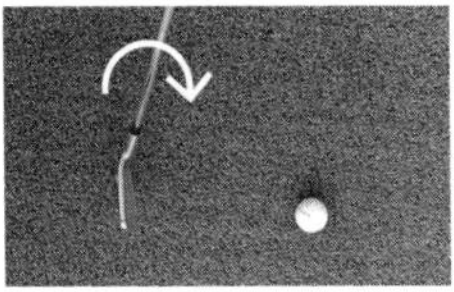

フェースが閉じるのは回転が足りないか、あるいは逆回転させてしまっているからだと考えられる

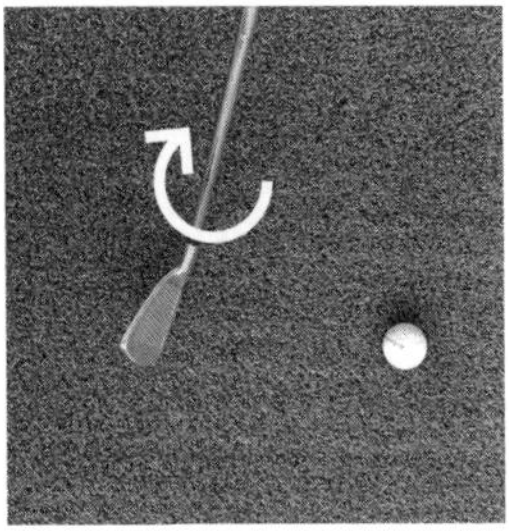

「シャフトを回転させる」という発想でフェースローテーションをとらえることができる。適正な向きをつくるにはどのくらい回転させればいいか、確かめてみよう

P3=ハーフウェイバックはテークアウウェイの延長

P3はバックスイングで左腕が地面と平行になるポジションです。いわゆるハーフウェイバック、つまりバックスイングの半分です。ですから、この位置をトップとして切り返せば、ハーフスイングということになります。

P2からP3にいたる間の動きは、ほぼテークアウェイの時の動きの延長と言えます。しかし、P2から手首が少しずつ曲がっていく動き（コッキング）と腕が少しずつ持ち上っていく動きが起こります。この動きが加わるために、**ヘッドは徐々に上昇し、アドレスの時のシャフトのライン上（シャフトプレーン）から外れていきます。しかし外れてもなお、シャフトはこのプレーンと平行に動き続けていくことがポイントです。**

ヘッドを正しいポジションへ上げていくために、左右のヒザの動き（腰の左右の高さを変える動き）と体幹の側屈の動きも、P2の延長としてさらに加わっていることも見すごさないでください。

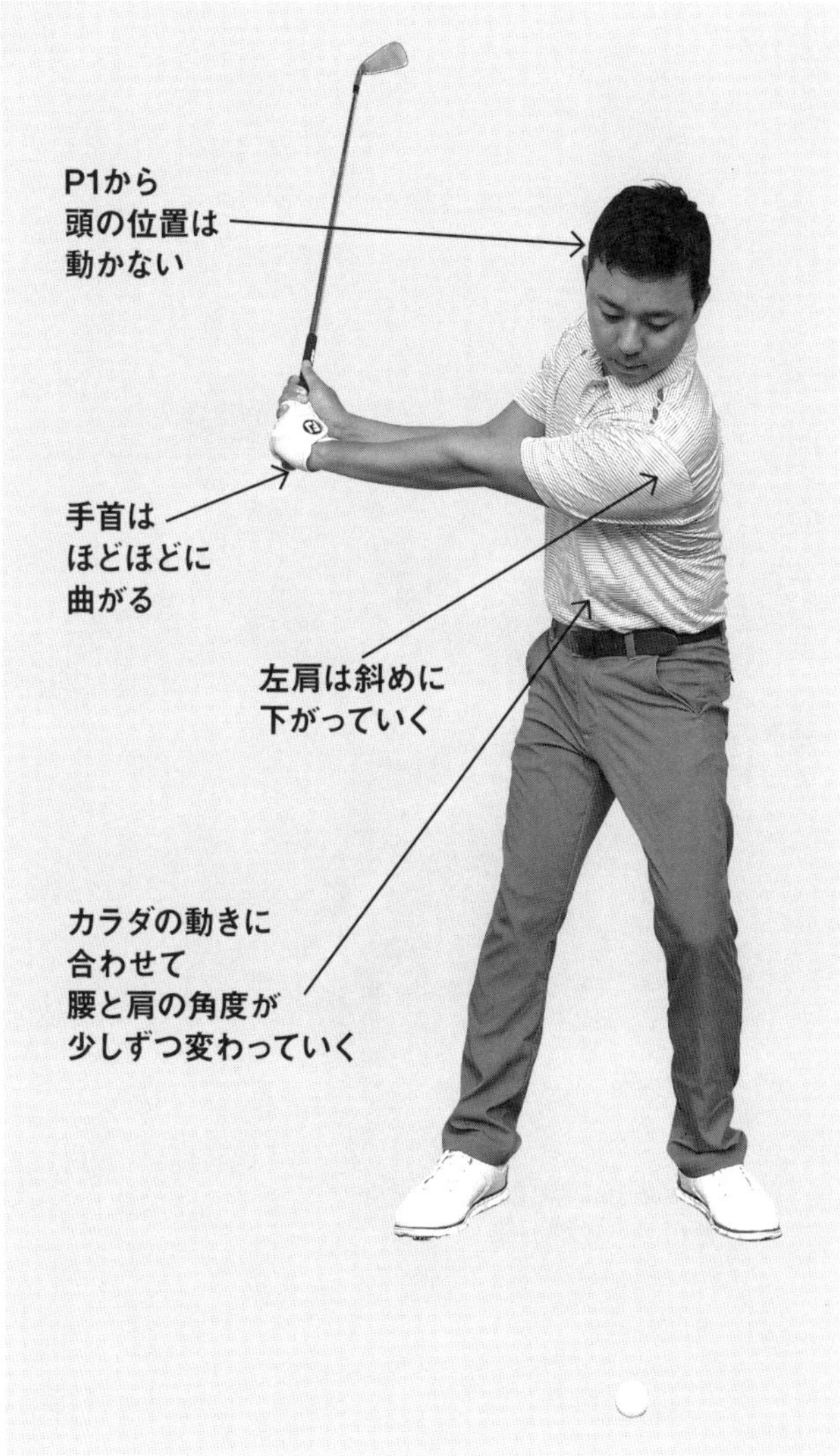
P1から
頭の位置は
動かない
手首は
ほどほどに
曲がる
左肩は斜めに
下がっていく
カラダの動きに
合わせて
腰と肩の角度が
少しずつ変わっていく

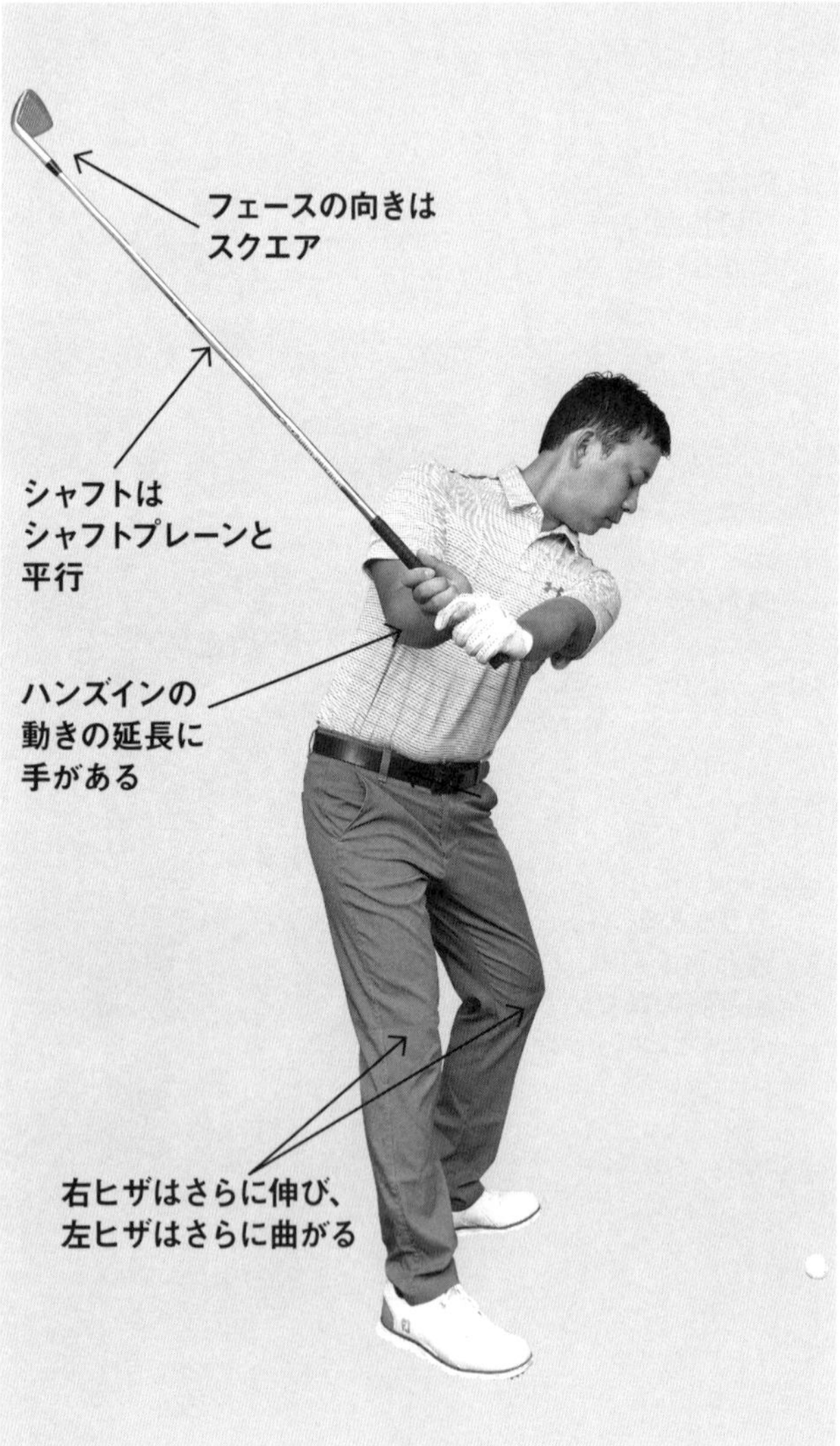
フェースの向きは
スクエア
シャフトは
シャフトプレーンと
平行
ハンズインの
動きの延長に
手がある
右ヒザはさらに伸び、
左ヒザはさらに曲がる

P3での適切なコッキングの量

従来、コッキング（手首の折り方）の仕方として、バックスイングの始動から積極的に手首を折りにいったり、左手のひらでグリップエンドを押し下げたりと、さまざまな方法が指導されてきました。しかし、そうした説明ではうまくできない人が多いのが現実だと思います。何をすればいいでしょうか。

コッキングをするカギ、それは左手の小指、薬指、中指の3本をギュッと握るだけです。真っすぐ立ち、左手でグリップを持って3本の指をギュッと締めてみてください。すると、ヘッドが持ち上がるはずです。人はこぶしを握るとき、必ず手首を背屈させてから指を握ります。この手首の背屈こそが自然とコッキングをするために必要な動きなのです。

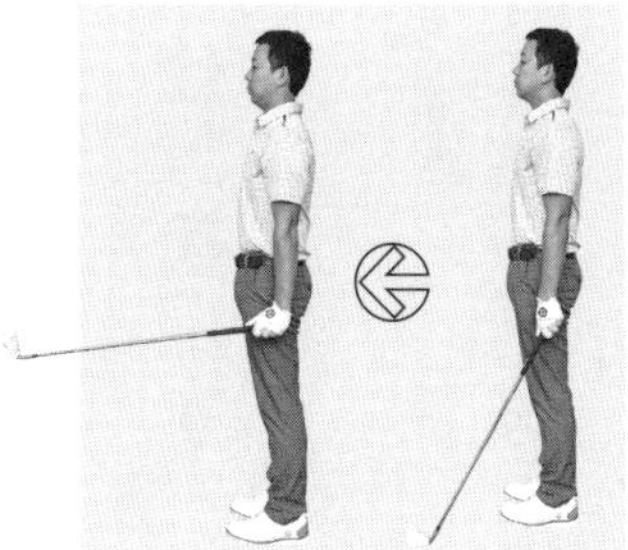

左手の小指側3本の指でグリップをしっかり握ると、手首が自然に甲側に折れて（背屈）ヘッドが持ち上がる。これがコッキングの正体

P3でのコッキングを促す左手の背屈の仕方を探す

クラブを握った場合、左手の指3本をギュッと握ると左手首の背屈が起こり、重いヘッドを持ち上げてくれます。**この背屈によるヘッドが持ち上がる動きをスイングに組み込むことができると、自然なコッキングができるようになります。**

コッキングが苦手な人は、この背屈ができないような握り方をしているか、左手の3本指にまったく力を入れないで握っているために背屈が起きてこないというケースが多いのです。

コッキングを自然に行なっているゴルファーは、P1からP3に向かって徐々にこの左手首の背屈がなくなっていきます。しかし、コッキングが苦手なゴルファーは、P2の時点でこの背屈がなくなってしまっているケースが多いので、気をつけてください。

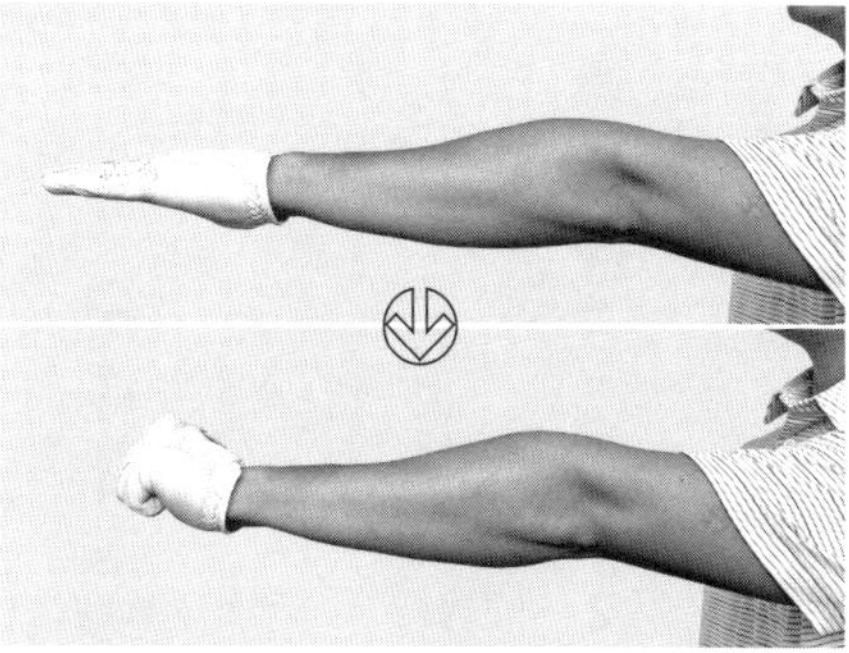

手首を真っすぐ伸ばした状態でも、こぶしをギュッと握ろうとすると、手首は自然と背屈する（手の甲側に折れる）

コッキングが自然にできず、タイミングが早くなったり（右）、遅くなったり（左）すると、Ｐ２の正しいポジションがつくれなくなる

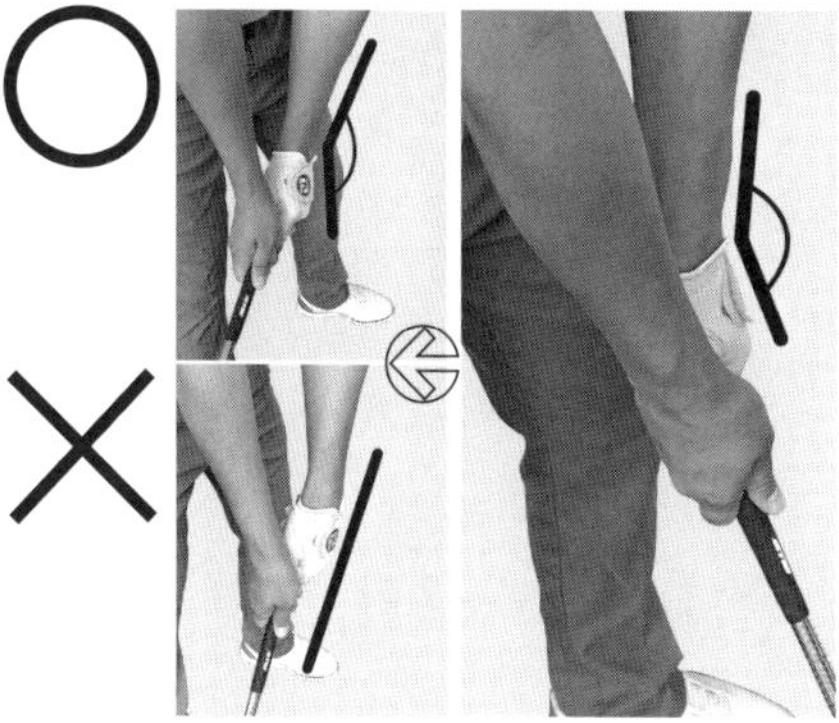

アドレスでできている左手首の背屈は、クラブを上げていくにしたがってなくなっていく。しかし、Ｐ２ではまだ少し背屈しているのが正しい。伸びきってしまうと、クラブはインサイドに上がりすぎてしまう

Ｐ４＝トップで左腕が肩のラインに重なる

Ｐ４はトップです。テークアウェイの動き（Ｐ２までの動き）の延長がＰ３だと説明しましたが、さらに延長されてＰ４にいたるという、いたってシンプルな流れでここまでつくられます。

頭の位置はＰ１からＰ２まで動きませんでしたが、Ｐ３を経てＰ４に進んでもやはり動きません。

左肩は斜めに下がっていきましたが、やはりそのまま下がっていきます。

左ヒザが曲がり、右ヒザは伸びる動きも同様で、そのおかげで腰がよく回ります。目安としては腰が50～60度、肩は１００～１２０度回ります。

手の動き、腕の動きについては、ハンズインの方向にそのまま延長され、トップになったときの目安は、左腕が両肩を結ぶラインに重なってきます。

シャフトは、シャフトプレーンから外れて上昇しましたが、右手首の背屈によりシャフ

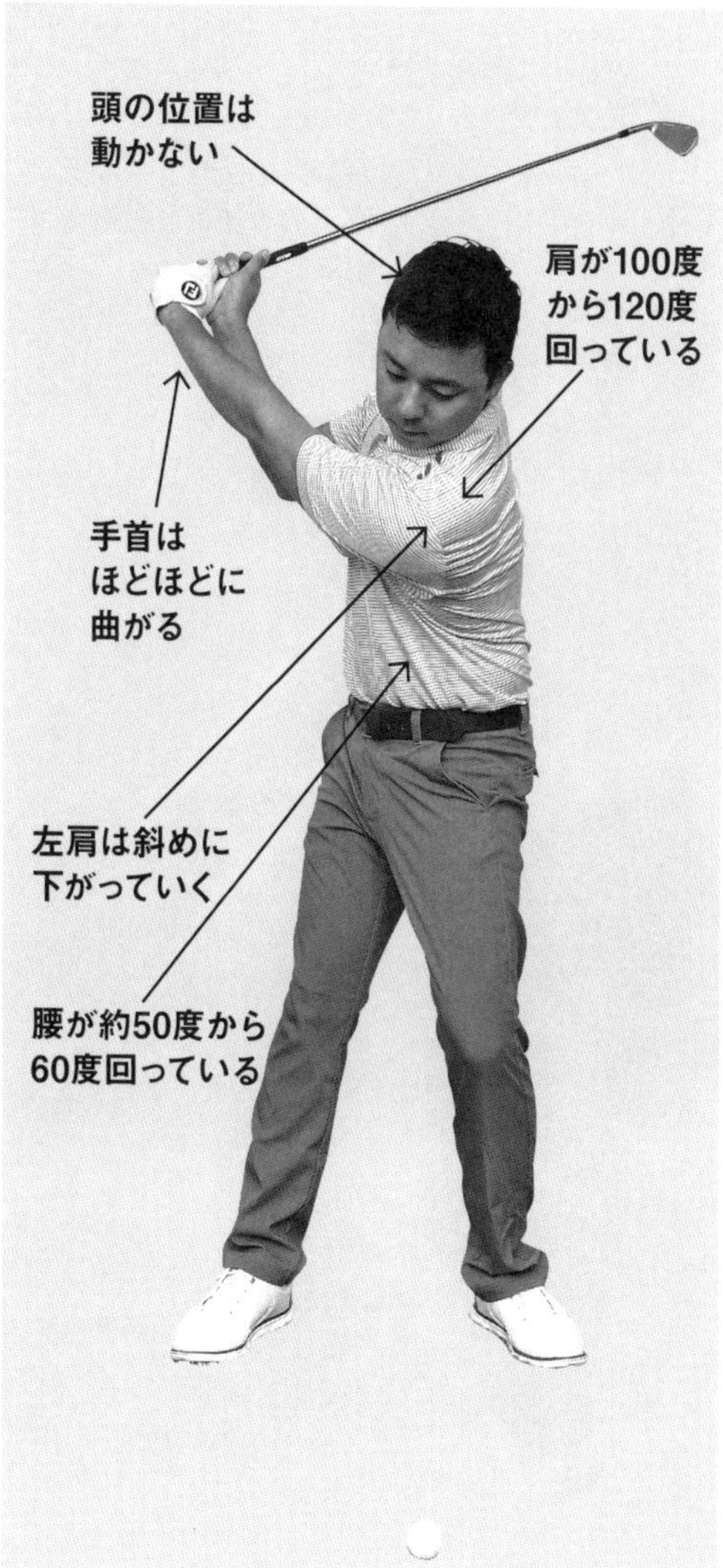
頭の位置は
動かない
肩が100度
から120度
回っている
手首は
ほどほどに
曲がる
左肩は斜めに
下がっていく
腰が約50度から
60度回っている

ト自体は元のプレーンと平行な状態を保ってトップにいたります。

大切なことは、ここでもやはり、**フェースの向きがスクエアをキープしていること**です。

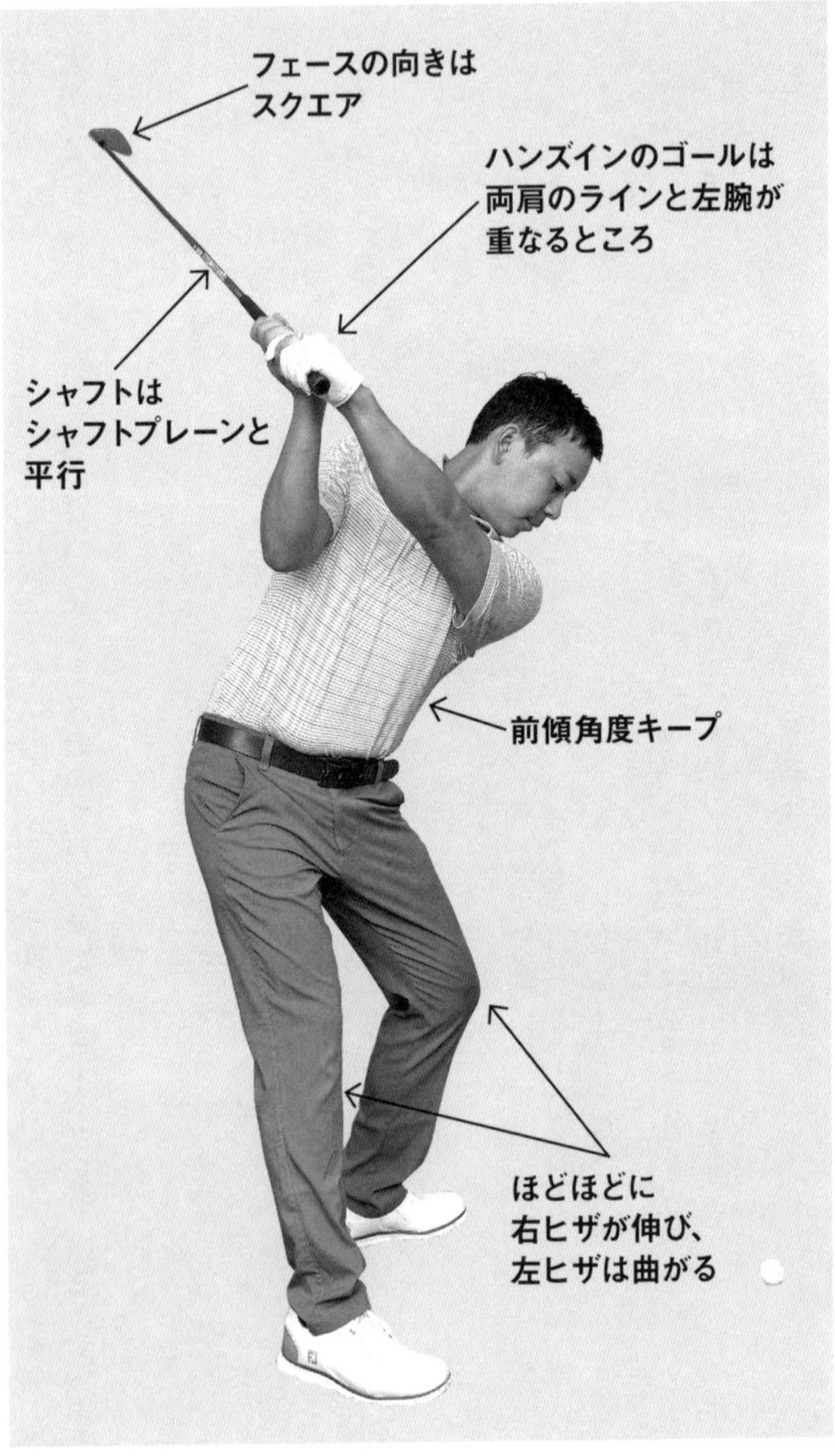
フェースの向きは
スクエア
ハンズインのゴールは
両肩のラインと左腕が
重なるところ
シャフトは
シャフトプレーンと
平行
前傾角度キープ
ほどほどに
右ヒザが伸び、
左ヒザは曲がる

P4まで頭が動かないバックスイングのロジック

アドレスからトップまで、頭の位置が動かなければ、スイングの弧のブレを小さくしやすく、その結果として、ローポイントを安定させやすくなります。

従来は、スイング軸というものがあり、それを動かさずに回転すれば、スイング弧はブレがなくなるという説明でした。軸というと一定の長さをもって、それが形を変えず、位置も変えないイメージだったと思います。背骨がそれにあたるという説明も支配的でした。

しかし、ここまで説明してきたように、**体幹は真っすぐに伸ばした背骨を固定してそのまわりを動いているだけではないのです。そのように動くかぎり、現在世界的に「正しい」と認められているPシステムのP2から10までのポジションは決してつくれません。**

バッススイングは3次元でとらえないと、正しい動きは身につけづらいようです。つまり、次ページで説明する前額面（frontal<coronal> plane）、矢状面（sagital plane）、水平面（transverse<holizontal> plane）それぞれに必要な動きがあるのです。

前額面に必要な動きは「サイドベンド」（側屈）。
矢状面に必要な動きは「エクステンション」（伸展）。
水平面に必要な動きは「ターン」（回転）。

従来の考え方は、そのうちの水平面のターンだけだったと言えます。この3つの動きを組み合わせると、頭が動かないバックスイングができるようになります。

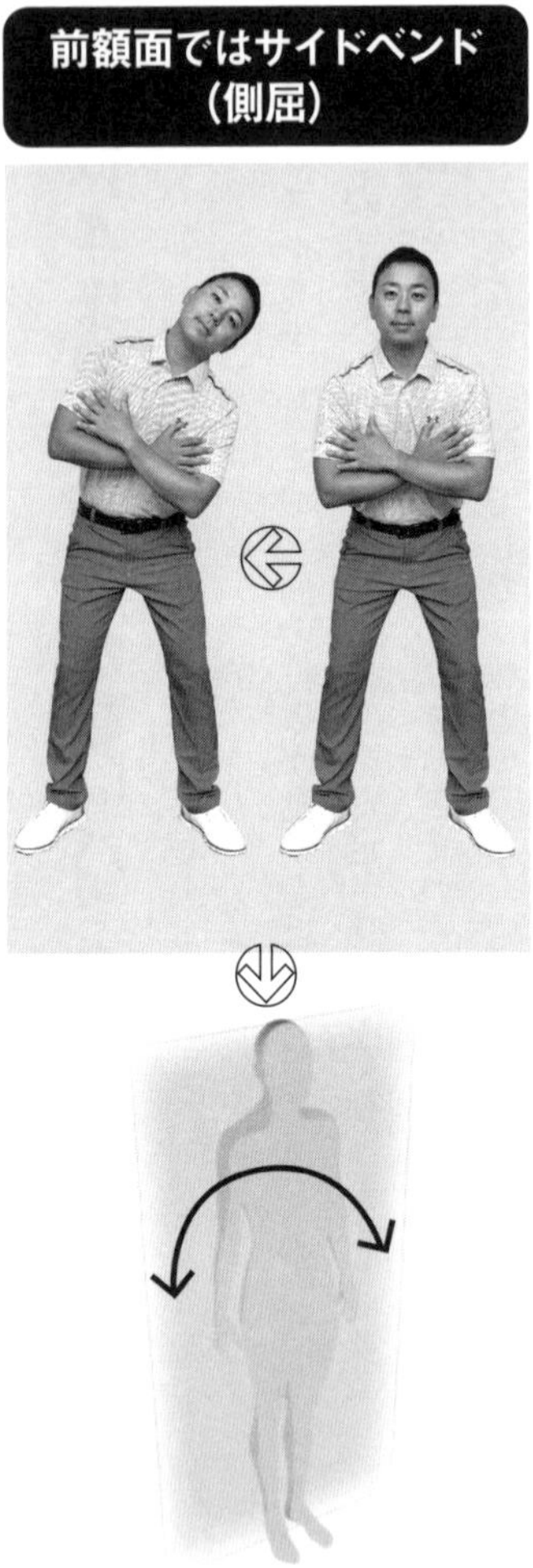

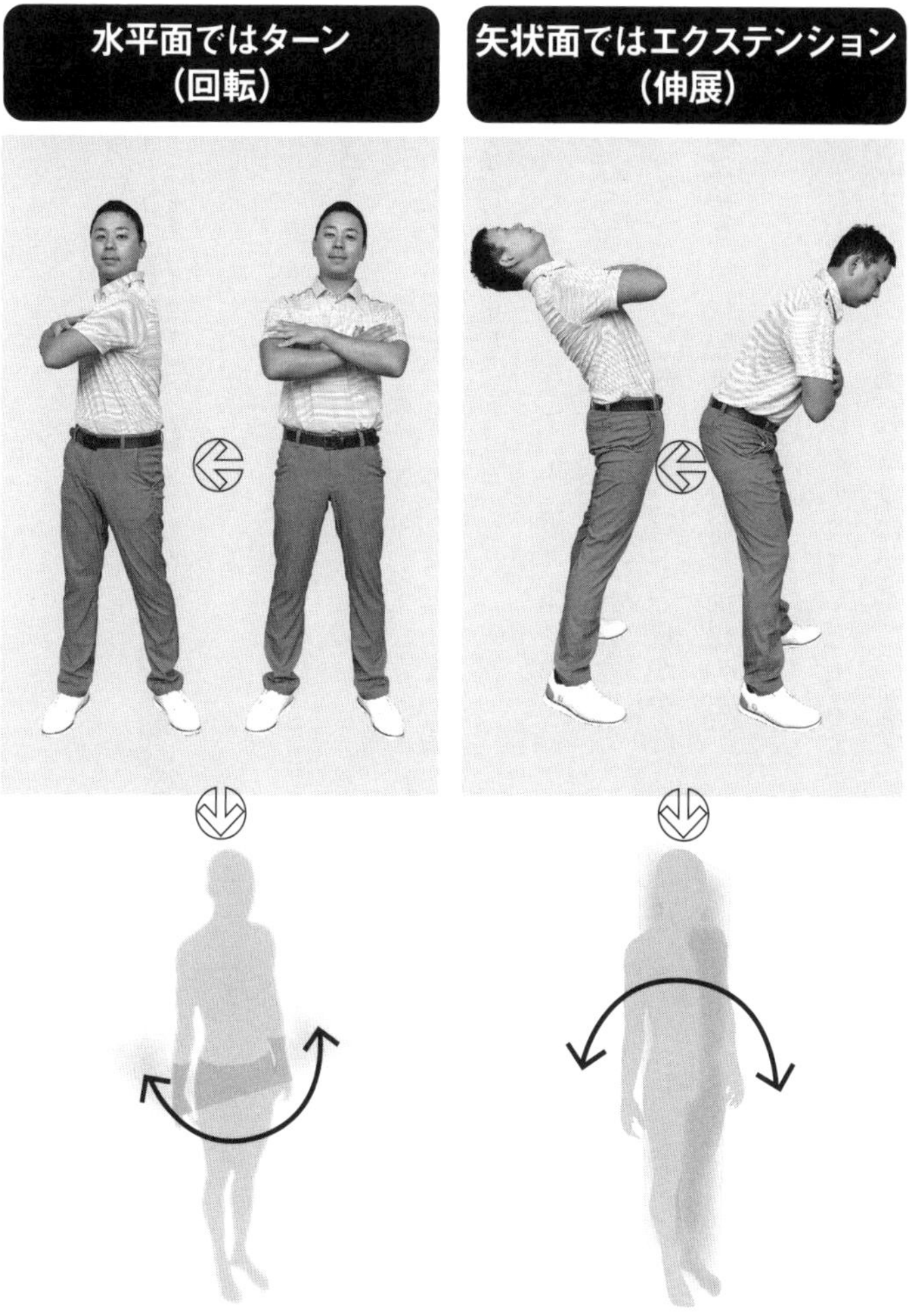

3次元で動きを考えなければ、スイングに必要な動きをすべて見極めることはできない。3つの面で切り分けると、ターンだけでなく、サイドベンドとエクステンションの動きがあることが見えてくる

P4までの3次元の動きを身につける方法

ステップ1

写真①のように構え、サイドベンドしてから②、ターンしてみましょう③。

②で頭の位置はズレますが、サイドベンドの量が適切ならば、③によって頭は構えたところに戻ってきます。もしサイドベンドの量が少なければ頭は後ろ足に寄り、多ければ前足の方へ寄ります。

しかし、これだけでは腰が回っていませんから、実際のスイングでの動きとは違っています。

①アドレスの体勢をつくり、胸の前で両腕を組む
②左肩が低くなるよう上体を真横に倒す（サイドベンド）
③肩を時計回りへ回す

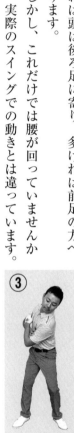

ステップ2

では次に、腰の回転を取り入れてみましょう。腰が回るようにするためには、骨盤の付け根である股関節を動かすことが必要。そのためにヒザの曲げ伸ばしを使います。

アドレスの体勢をつくり、左手は左足の付け根に、右手は右ヒザの上に置きます④。太ももの前側を擦るように、右手を引き上げながら、左手はヒザのほうへ下ろしていきます⑤⑥。この動きで頭が動かないように意識しながら、肩を回します。左ヒザが折れ、右ヒザが伸びること、それによって腰が大きく回ることを確かめてください。

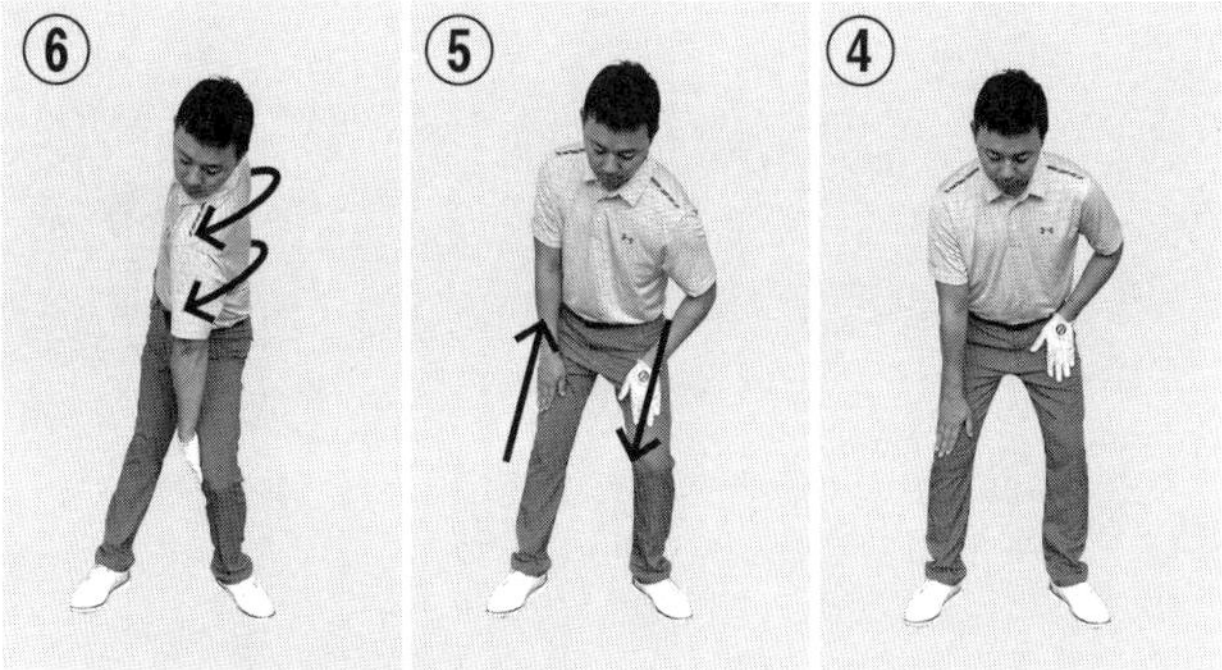

④アドレスの体勢で前傾し、左手は左足の付け根、右手は右ヒザの上に置く
⑤左手は上から下へ、右手は下から上へ、太ももを擦りながら動かす
⑥その結果、左ヒザは折れ、右ヒザが伸びて、腰が回り、肩も回る

ステップ3

体幹の動きとヒザと腰の動きを合わせます。胸の前で腕を組んで⑦、サイドベンドしながら左ヒザを少し曲げ、右ヒザは少し伸ばします。腰も少し回ります⑧。腰が回り始めたことを利用して肩を回しましょう⑨。

ステップ4

動きに慣れたら、クラブを振る動きに近づけていきます。

右手で左手首を持って⑩、右手で引っ張るようにトップをつくる⑪。さらにクラブを持って振ってみましょう⑫⑬。頭の位置が変

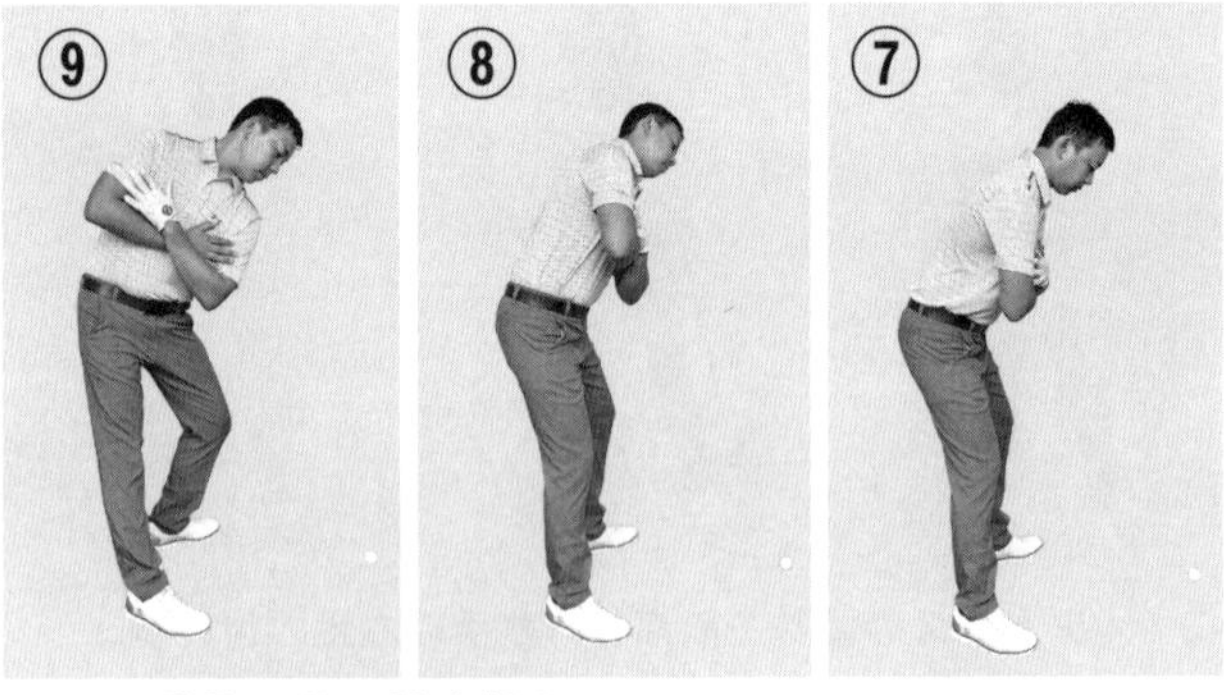

⑦胸の前で腕を組む
⑧上体を左に倒しながら、
　左ヒザを少し曲げ、右ヒザは少し伸ばす
⑨上体を右に回す

わらないバックスイングが完成します。

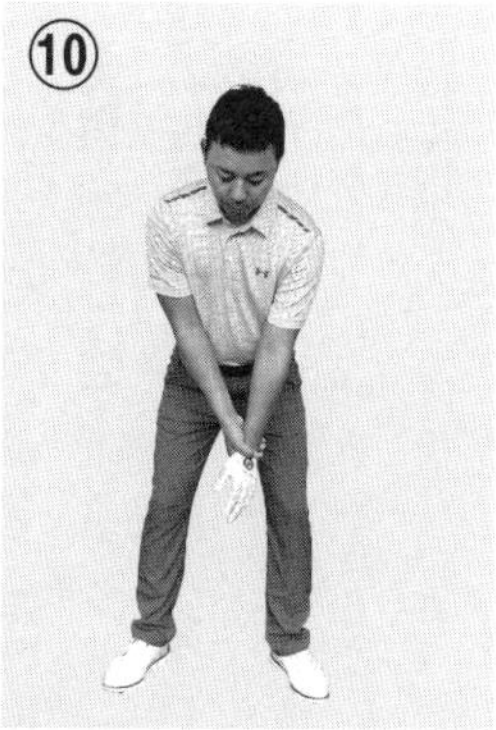

⑩前傾し、右手で左手首を持つ
⑪右手で左腕をトップまで上げていきながら、ヒザの曲げ伸ばしとサイドベンドを使う

3つの動きを組み合わせる

⑫クラブを持って構える
⑬ヒザの曲げ伸ばし、サイドベンドでトップまで上げていく

実はこの動きの中でターンとサイドベンドだけでなく、エクステンションも起きている。これらの動きを組み合わせて、頭を動かさないスイングの動きを見つけてほしい

P4をつくるにはヒザを積極的に動かす必要がある

試していただけたでしょうか。ヒザの動きは考えていた以上に大きい！　と感じたのではありませんか？　カラダの左右が高さを変えることに不安を感じるかもしれません。

しかし、それによって頭の位置を変えずにスイングすることが可能となるのです。

大切なことはサイドベンド、エクステンションとターンという動きをすべて使いながら、頭の位置を変えずにスイングできる動き方を見つけることです。

もちろん、ヒザを動かさないことも、ローポイントを一定にする大きな要素となり得ます。しかし、ヒザを動かさないでスイングをする場合、ヒザから上、とくに腰と肩の間を大きく捻ることになり、カラダへの負担が大きくなります。しかも、動員する筋肉が限られるため、エネルギー出力において不利。それを補うために、たとえば大きく体重移動をするなどして動きが複雑になり、ミスが増える、スピードが出なくなるなどのデメリットがあります。

ヒザを動かすメリット①
カラダの負担を減らすことができる

従来は、コイルのように肩と腰の間を捻って「パワーを貯める」イメージで説明されてきました。しかし実際、カラダは捻るようにできていないのです。肩と腰の間をつなぐのは背骨ですが、構造上、捻る角度には限界があります。

しかし、**ヒザを動かすと骨盤ごと上体が回転するため、その上（腰と肩の間）を無理に捻らなくても、大きなトップができあがります。**

ヒザを曲げ伸ばしして腰を回すと、無理なく大きなトップの位置までクラブを動かしていくことができる

腰はなるべく止めて、その上を捻ってトップをつくろうとしても十分回れないため、手だけでクラブを上げてしまいがちだ

ヒザを動かすメリット②
多くの筋肉を動員してパワーを出せる

両ヒザが動き、腰と肩が適度に回ったトップをつくると、ダウンスイングにかかわる筋肉をより多く動員できるのでパワーの出力が上がります。

骨盤を回さずにつくったトップでは、ダウンスイングにかかわる筋肉の量が少なくなり、パワーの出力を上げられません。これに対し、ヒザの曲げ伸ばしを使うと同時に、腰の回転量を増やすことで、脚全体の筋肉を動員したほうが出力は簡単に大きくなるのです。

インパクトでも捻転差が残っているほうが力をボールに乗せられるという説明もあるが、腰が開きすぎると下半身の力を伝えることがむずかしくなる

トップで腰の回転が大きければ、インパクトで腰が開きすぎることがなく、下半身の力をボールに乗せられる

ヒザを動かすメリット③
体重移動をよりシンプルにすることができる

両ヒザの曲げ伸ばしを使ってバックスイングすると、骨盤自体が少し目標方向に動きます。骨盤という重いパーツが動くと、それがそのまま全体の重心も動かすことになります。

つまり、P4では体重は左足に少し多く乗っているのです。**トップで左足に少し乗せ、ローポイント、アークの中心と重心をそろえておいてダウンスイングしたほうが、インパクトのエネルギーを大きくできる可能性が高まります。**

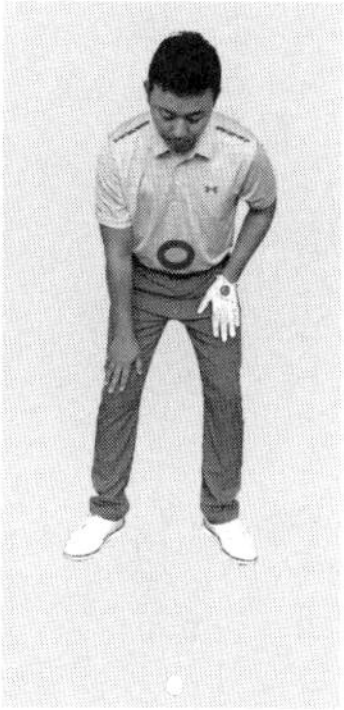

アドレスでは重心はほぼ中心

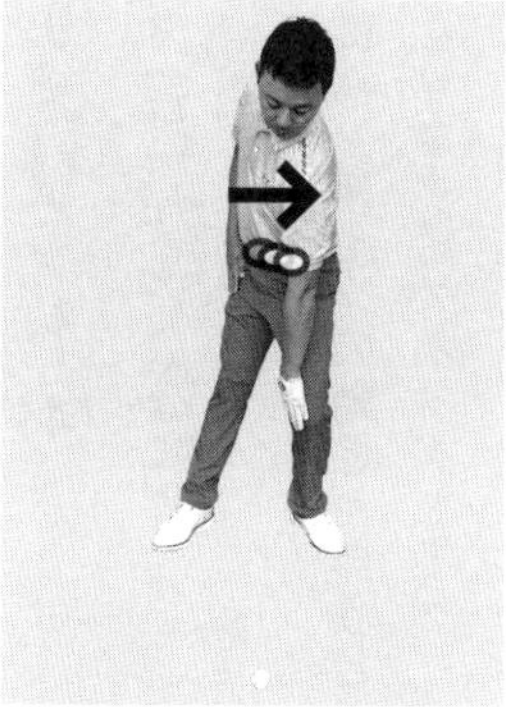

腰を回転させると右腰は元の位置よりも左にズレ、重心は左足に多く乗ってくる。さらにエクステンションの動きも左への重心移動を促進する

ヒザを動かすメリット④
ミスを減らすことができる

腰が大きく回り、肩も一層大きく回る動きにハンズインの動きが伴うと、Ｐ４での手の位置はボールから遠く離れ、大きなトップになります。スイングアークを大きくしようと腕を伸ばしたわけではなく、アークの中で大きく回り込んだ位置にきているのです。

それがメリットになります。

ダウンスイング中、手が滑ったりクラブの振り下ろし方がズレた場合、私たちはミスを感知し、インパクトまでにつじつまを合わせようとするものです。

カラダが回ってない状態からクラブを振り下ろした場合、ミスを検知しても、インパクトまで時間がないのでフェースを合わせることができず、そのままミスしてしまうことが多くなります。

しかし、カラダがほどよく回っている状態からならば、クラブを振り下ろす時間が長いので、ミスに気づいてからインパクトまでに細工をしやすくなるのです。

腰を止めて捻転差を大きくしても、手の位置としては浅くなる。そのため「助走距離」が稼げない

腰がよく回し、手を深い位置まで上げていければ、インパクトまでの「助走距離」が長くなる。途中でミスに気づいた場合に、つじつまを合わせる調整をする時間が稼げるので、ミスを減らすことができる

P5＝切り返し　左足に体重を乗せて動きを反転させる

Ｐ5は切り返しの局面であり、ダウンスイングがここから始まります。左腕が地面と平行になったタイミングがＰ5であり、そこでシャフトの角度やフェースの向きを確認してください。

トップですでに、左足に体重を少し乗せていました。左ヒザが曲がり、右ヒザが伸びた結果、右腰が左腰よりも高くなっています。そこから、**切り返しでは体重をさらに左足に乗せにいきます。少し左にスライドする感覚です。**

同時に、右ヒザを曲げ始め、左ヒザを伸ばし始めます。Ｐ5の時点では、両ヒザの曲がり方がそろう程度に考えておけばいいでしょう。**腰の回転は、ヒザの曲げ伸ばしの結果起きる程度に考えてください。回すより、曲げ伸ばしなのです。**

こうした下半身の動きでダウンスイングを始めれば上体、腕、そしてクラブは順に遅れてダウンスイングを始めます。

後方から見れば、シャフトはシャフトプレーンと平行になっており、正面から見ると、右手首とシャフトがつくる角度は最大限小さくなり、エネルギーをため込むことになります。フェースはやはりスクエアであることが望ましいと言えます。

頭が少し
目標方向に移動する
手首の折れ方が
最大になる
腰が
スライドする
体重移動は
ほとんど終わっている

フェースの向きは
スクエア
シャフトは
シャフトプレーンと
平行
折れていた左ヒザが
伸び始める
伸びていた右ヒザが
再び曲がり始める

P5での体重移動で左右の体重配分は8対2になる

P4（トップ）では体重が少し左足に多く乗っている状態でした。左右の体重配分は左足6対右足4ないし、左足5.5対右足4.5程度です。

そこからの切り返しは、具体的には**左足の踏み込み動作（プランティング＝Planting）**が主体です。

それによって骨盤が矢印方向にスライドし、体重移動が起こります。**この時点で体重移動が終わり、体重配分が左足8対右足2となります。**

「この時点で体重移動が終わり」という部分がポイントで、この局面以降はこの体重配分をキープしながらスイングしていきます。

P4（左）で体重はすでに少し左に乗っており、P5（右）で8割が移動しきる

Ｐ５でクラブをシャフトプレーンと平行に下ろす

バックスイングからトップまでもそうでしたが、**切り返したばかりのＰ５でもやはり、クラブはシャフトプレーンと平行を保っています**。トッププロの多くはそのように振っています。その理由はクラブヘッドの移動する距離を長くしたいから、です。

この距離が長いとクラブヘッドを加速させることができるためです。

それに対して、多くのアマチュアは、切り返した瞬間に「オーバー・ザ・トップ」になります。これは、ヘッドがプレーンからアウトサイド側（上、もしくは前）に外れてしまうことを言います。こうなると、ヘッドがインパクトまでに移動する距離が短くなり、十分に加速できなくなります。

切り返しで右手、右腕、右肩を使うことが主な原因なので、プランティングだけで動き出すように意識し直すことが大切です。と同時に、クラブをシャフトプレーンと平行に動かすイメージをもつことも矯正に効果がありますから、注意してみてください。

オーバーザトップの軌道では ヘッドが移動する距離が短い

オンプレーン軌道では ヘッドが移動する距離が長い

P5で受動的に手首のラグ（タメ）は最大になる

多くのアマチュアがカン違いしていることの一つに、スイング中の手首のラグ（タメ）が最も大きくなる位置があります。

もし「ダウンスイング時のラグを大きくするために、トップで目一杯手首を折っておこう」と考えているとしたら、それは間違いです。そこから切り返すと、反動でラグはほどけてしまうでしょう。

実際にラグが最大になるのは、切り返しのプランティングを行なった直後。下半身のリードで体幹が捻り戻され、肩が回って腕が下りてきたタイミングです。

多くのプロは、P5でラグが最大になり、そこから自然とリリースしています。自然な手首の動きはパワー・アキュミレーター（パワーを蓄積するもの）の一つなので、ぜひ自然な状態でスイングに組み込めるように意識を変えてみてください。

下半身主導で切り返すと、ヘッドはその場に残る一方、グリップだけが下りていくので手首の折れ方が最大になる

P5で手首の角度が最大化し、その後、理想的なタイミングで自然にほどけていく

トップで手首の角度を最大化するには、意識的な操作が必要。その結果ダウンスイングの早い段階で手首の角度はほどけてしまう

P6＝ハーフウェイダウン　インパクトの前段階

ダウンスイングでシャフトが地面に平行になる局面がＰ６です。**このポジションでクラブが元々のシャフトプレーンに戻ってきて、なおかつフェースがスクエアならば、そのまま理想的なインパクトにつながっていきます。**

このタイミングでクラブのポジション、フェースの向きともに間違いがなければ、あとは自動的に（何もしなくても）クラブは最大限のエネルギー効率でのインパクトをつくるべくリリースされていくのです。Ｐ５でラグ（タメ）が最大になっていましたが、Ｐ６にくるときには手首の角度はほどけ始めており、ここからは右腕も少しずつ伸びていきます。

ポイントは、Ｐ５までに動かした体重配分からはもう変わらないこと。しかし、フットワークは最大限使っており、右ヒザはここから伸び始めています。

頭の位置は、Ｐ５で少し目標方向へ動いて以降、あまり変わっていません。

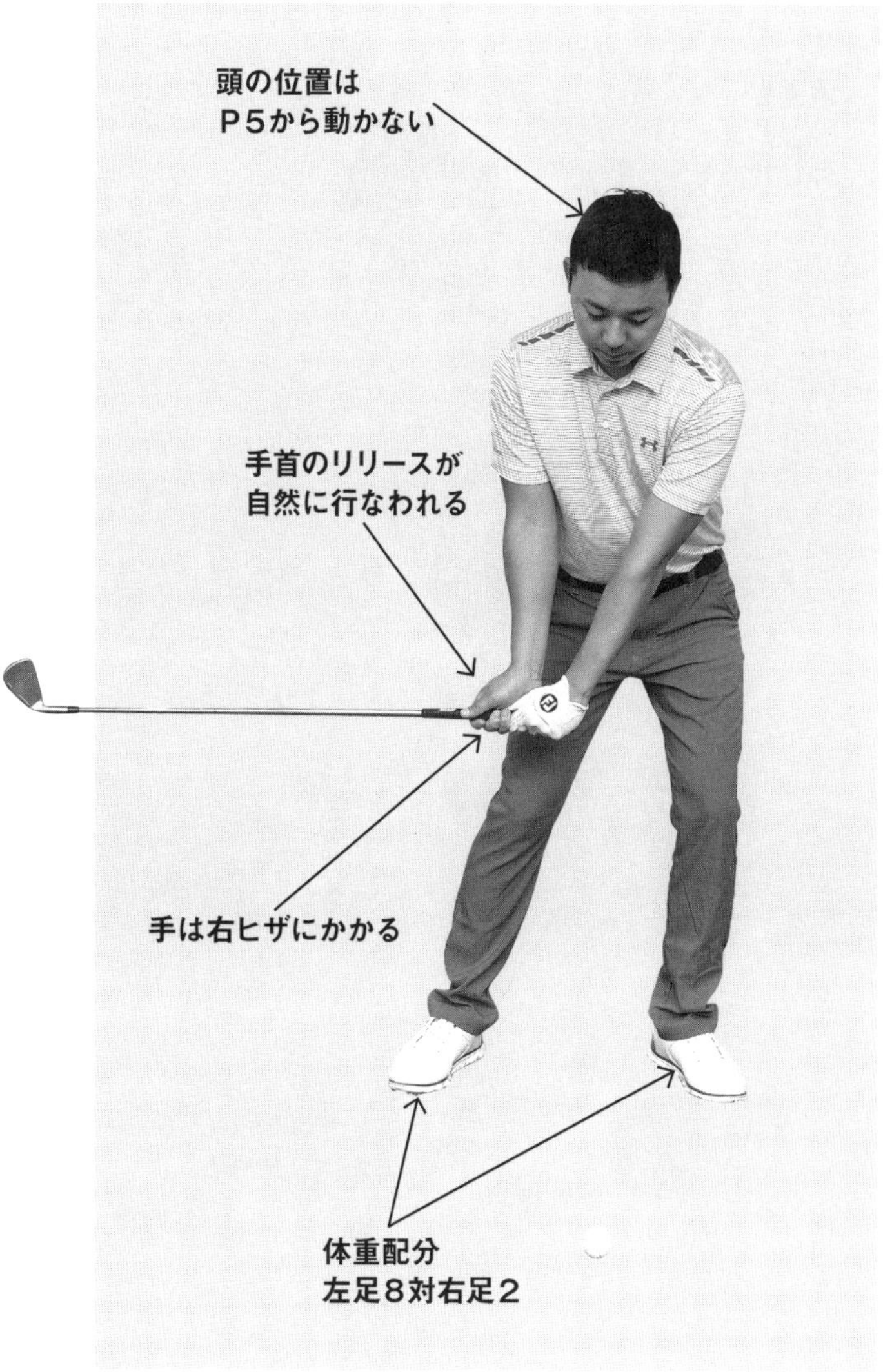
頭の位置は
P5から動かない
手首のリリースが
自然に行なわれる
手は右ヒザにかかる
体重配分
左足8対右足2

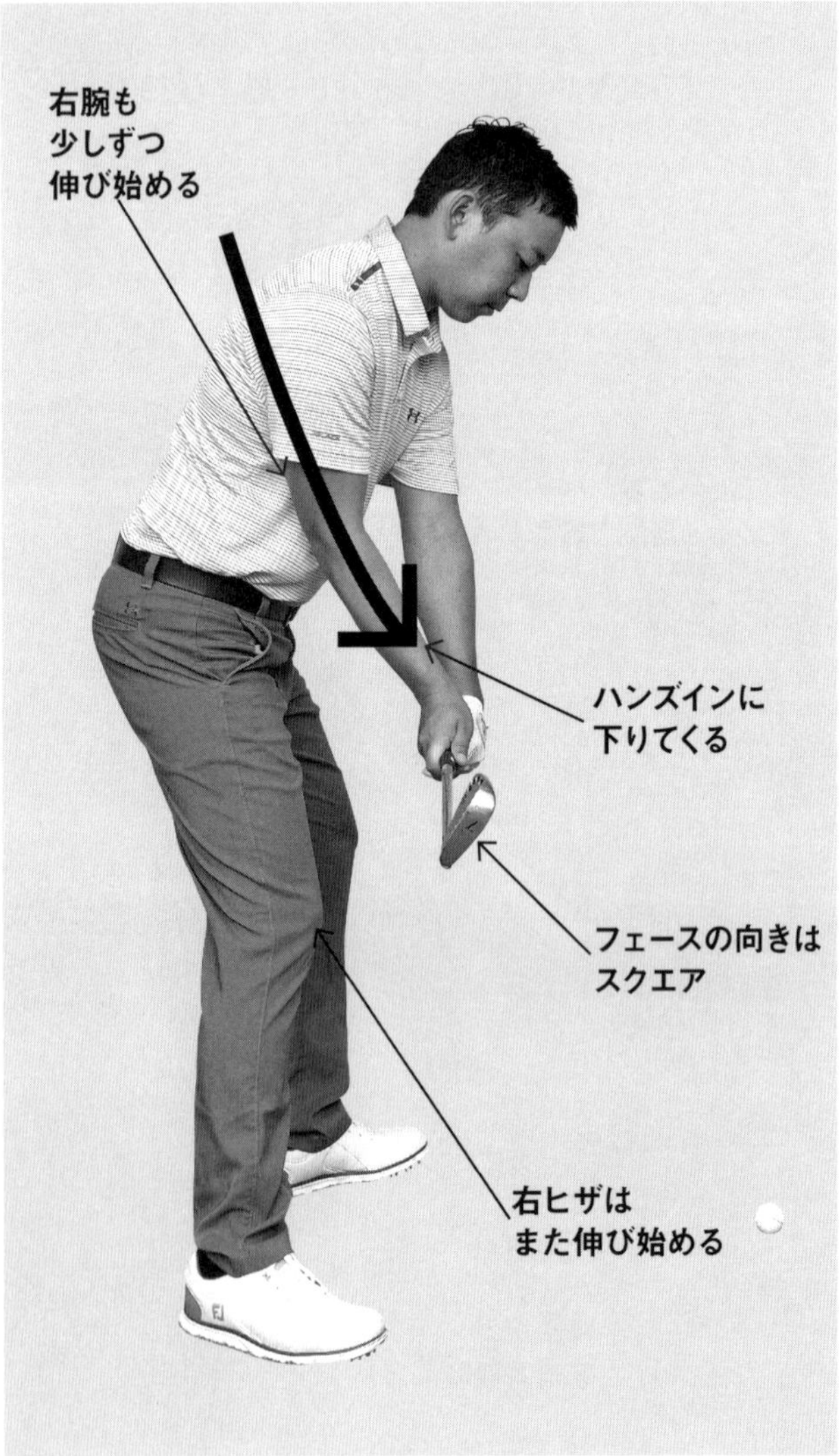
右腕も
少しずつ
伸び始める
ハンズインに
下りてくる
フェースの向きは
スクエア
右ヒザは
また伸び始める

P6でもやはり手はハンズインに動く

バックスイングで手はクラブヘッドの動きと同様にハンズインに（円軌道でインサイドに入ってくるように）動くということでしたが、**ダウンスイングでもやはり手はトップからハンズインに（円軌道でカラダから離れずに）下りてきます**。

トップでの左腕のポジションは、両肩を結ぶラインとそろっていました。そのため、ともすれば肩の回転に合わせて、両肩を結ぶライン上に手を下ろしがちです。しかし、それでは手の位置としてはアウトサイドとなります。**正しくは、トップでの手の位置からアドレスの時の手の位置に向かっていく角度で下ろすことです**。

それ以上にインに引き下ろすのも間違いです。手を下ろす角度が違うと、プレーンの向きが変わってしまいます（アウトサイドの場合は、プレーンの向きが左、つまりアウトサイド・イン。インサイドの場合は右、つまりインサイド・アウトになる）ので、正しい動きの角度を覚えるようにしてください。

トップからの手の動きも「ハンズイン」。トップの位置から、インパクトでのあるべき手の位置へ、スムーズな弧を描いて下りていく

✕

トップから手を真下に下ろすと、ヘッドが過剰にインサイドに下りるため、極端なインサイド・アウトになる

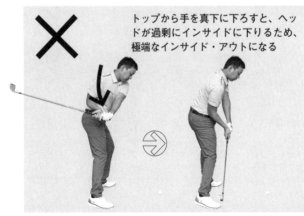

トップから手がアウトに下りていくパターン。下半身主導でなく、右手や上半身を使ったダウンスイングが原因

P6からインパクトへ向けて右ヒジは伸びていく

よく、右ヒジを曲げたままインパクトを迎えたほうがいいと信じている人がいます。

確かに、インパクト直前であるP6では、右ヒジはまだ曲がった状態です。

しかし、**右ヒジはここからインパクトへ向けて伸びていきます**。この動きもパワー・アキュミレーターの一つであり、ダウンスイングを通じて右ヒジが伸びていく動きはスイングの加速を助けます。

同時にこの右腕の動きは、ヘッドの入射角を適切にしてくれる必要不可欠な動きでもあります。右ヒジが曲がったまま振るとインパクトの入射角は浅くなり、伸ばしきるように振ると入射角は急になってしまいます。**入射角を最適にするには、トップから自然と右ヒジが伸びていくように振ることが大切**で、イメージとしては手に持ったものを、ボールの位置にぶつける感覚です。

右ヒジを早いタイミングで伸ばすと、入射角はスティープになりすぎる

右ヒジを曲げたままインパクトしようとすると、入射角はシャローになりすぎる

右ヒジはインパクトへ向けて自然に伸びていくもの。それにより適切な入射角でインパクトできる

ボールの位置に向かって、手で持ったボールを投げつけるイメージで腕を振ると、右ヒジを伸ばす自然な感覚がつかめる

P7＝インパクト　頭の位置は変わらない

P7はインパクトです。P6までの動きの結果、この局面を通過していきます。これはインパクトの瞬間だけでなくスイング全体にも言えることですが、「この形をつくろうとしてつくる」のは良くない考え方です。正しい動きの形を把握しておくことで、動きのイメージをつくることに役立て、ビデオなどで撮影して私の写真と見比べ、イメージどおりに動けているのかの確認をすることをおすすめします。

ポイントは、頭の位置がずっと変わっていないこと。骨盤はバックスイングではその場で回転しましたが、ダウンスイングでは回転しながら左へスライドしていることにも現れているとおり、**フットワークは思い切り使っています**。

頭の位置は左右だけでなく、前後についても同じ位置から変わっていません。それは前傾角度が変わっていないことを示しています。

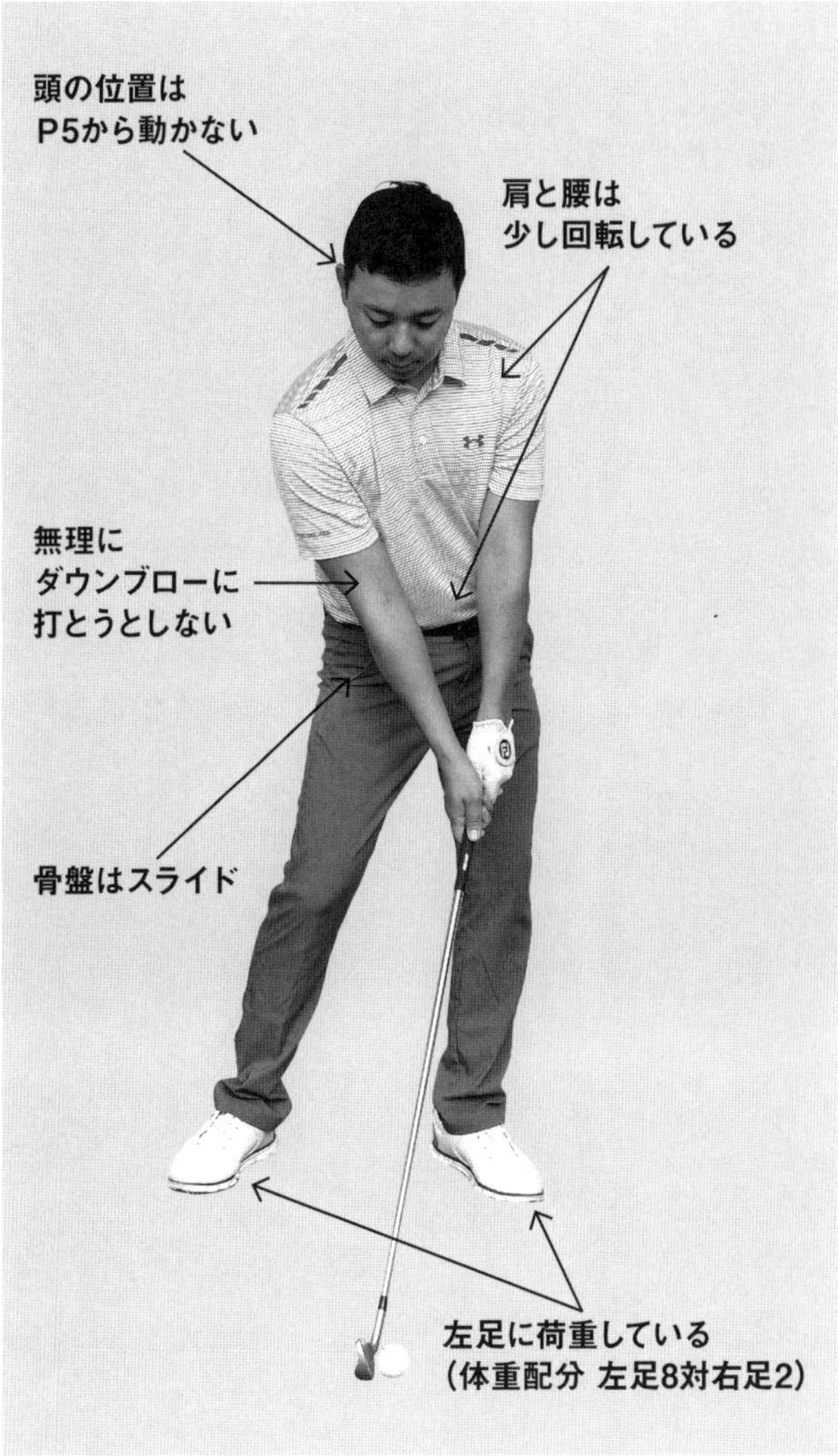
頭の位置は
P5から動かない
肩と腰は
少し回転している
無理に
ダウンブローに
打とうとしない
骨盤はスライド
左足に荷重している
（体重配分 左足8対右足2）

サイドベンドが保たれて
前傾角度が維持される
右腕は
伸び切らない程度に
伸びる
手元が
高すぎたり
低すぎたりしない
右足カカトは
それほど上がらない

P7での手元の高さは「高すぎず、低すぎず」

インパクト時の手の高さは「高すぎず、低すぎず」にしたいです。「アドレスの時と同じ」と表現しないのは、ある程度の範囲であれば問題ない、というニュアンスを含んでいるからです。

そして、「高すぎず、低すぎず」にしたい理由は、インパクト時のライ角を安定させたいからです。インパクトで手が低くなり、トウが必要以上に上がってしまったらボールは左へ、逆に、手が高くなりヒールが上がってしまうとボールは右に飛んでしまいます。出球の方向を安定させたければ手の高さはほどほどに、と考えてください。

手元はだいたいアドレスの時の高さでインパクトするのが望ましい

手元が高くなったり低くなったりすると、クラブをライ角どおりに使えず、方向性が悪くなる

P8＝インパクト直後のフォロースルー

P8はインパクト直後にシャフトが地面と平行になるタイミングです。この局面の形をイメージすることで、ダウンスイングの軌道や入射角、タイミングを矯正することも可能です。

とくに注目していただきたいのは、**体重配分がP5以降ずっと同じだということです。**

また、P5以降P7のインパクトまでは右へのサイドベンドによって前傾がキープされましたが、**インパクトを過ぎると背骨が伸展し（胸を張って、背中側に反る動き）、それによって頭の位置がキープされます。**

右足のカカトは少ししかめくれませんが、これはトッププロに共通する動きです。右足の5本の指を使って地面を蹴るのではなく、親指側の側面で地面を押して反力を受け取り、その力で右腰を回し、体幹を回している結果なのです。

頭の位置は
P5から動かない
背骨が
伸展する
体重配分 左足8対右足2

前傾角度は
キープされている
両ヒザとも
伸びていく
右足カカトは
少ししかめくれない

P7からP8まで手は低い軌道を続ける

P7（インパクト）前後を含め、とくにフォローにかけて手元が高い位置を動くパターンは、多くのゴルファーに見られる現象です。

しかし、この動きにはデメリットがあります。手元が高いということは、前腕の動きの自由度が上がって、手首が返りやすくなるのです。手元が返るのはフェースの急激なローテーションにつながるため、ボールが左右に散ってしまうことになります。

P6以降、手が低い位置を通るようにすると、前腕が回転しづらくなり、フェースローテーションを抑えられるので、ショットの安定性向上につながります。

手が適度な低さで動けば、ローテーションが抑えられ、球筋が安定する

手が動く位置が高いと、手首が返り、フェースローテーションが激しくなる

P9＝ハーフスイングのフィニッシュ位置

頭の位置は
P5から動かない
顔は
目標方向を
向き始める
両腕とも伸びる
肩は90度
回っている
背骨が
伸展する
腰は45度
回っている
右足カカトは
少ししか
めくれない
左ヒザは
伸びる
体重配分 左足8対右足2

P9は右腕が地面と平行になる局面です。

P8からの慣性でクラブが上がっていき、カラダが回っていく「結果」の形であり、ここでイメージどおりの形にならないのは、それ以前の動きにどこかにエラーがあったのか、カラダのどこかに動きを阻害する要素、たとえば柔軟性の不足などがあったためと考えられます。

フェースの返りは
かなり小さい
シャフトが
左肩の下から
抜けていく
前傾キープ
両ヒザとも
伸びていく

インパクト以降のP9でフェースを返す必要はない

ドローを打つために必要なことは、インパクトで「フェースがオープン（目標に対して右だが、クラブパスに対しては左）」と「クラブパスがインサイド・アウト」の2点です。インパクトにかけて手首を返すことが必要と考える人がいますが、そもそもこの2点ができれば手首を返す必要はありません。むしろ、スコアを一気に崩す要因になってしまうプルフックをなくすために、多くのプロはフェースをあまり返さないフォローをとっています。

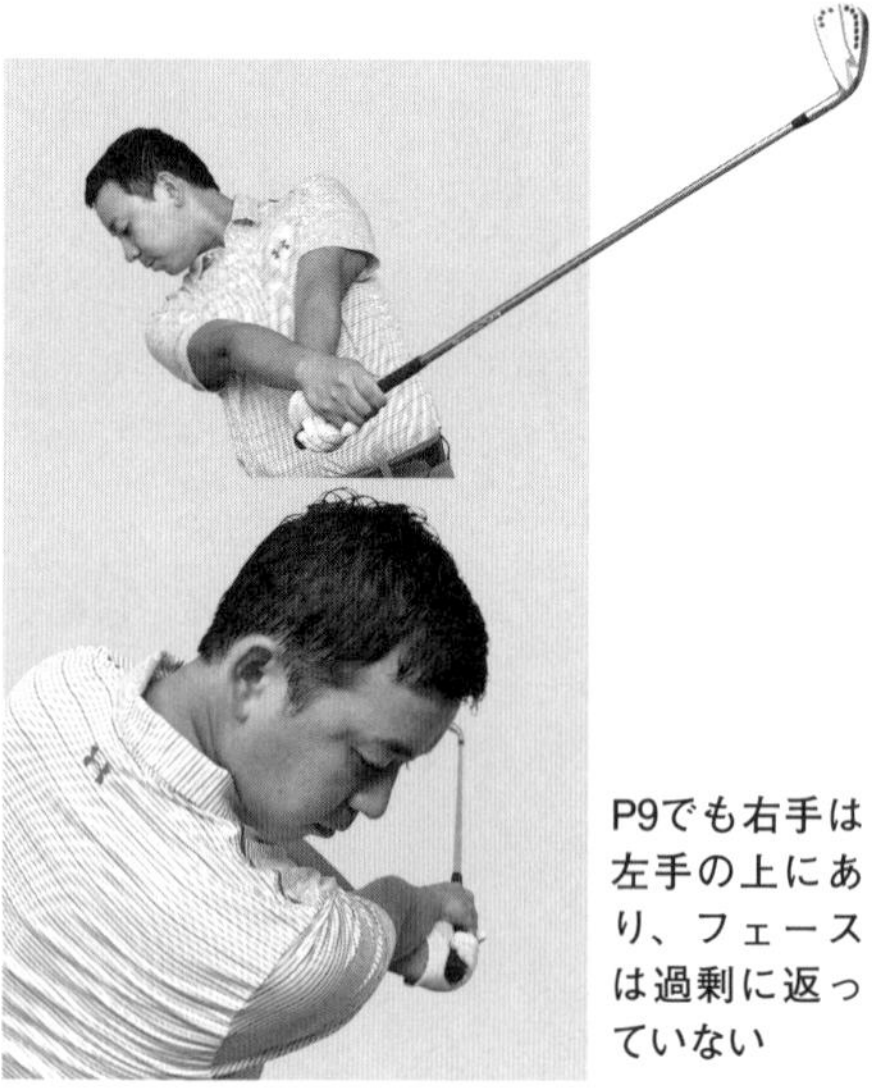

P9でも右手は左手の上にあり、フェースは過剰に返っていない

手首は「返す」も「ホールド」も一長一短

一般に普及しているリリースの方法は二つあります。

インパクト前から後にかけて手首をロールさせる方法と、引っかけないように手首を一切返さない方法（ホールドオフ）です。前者はうまくタイミングが合えば飛距離が伸びることもありますが、左右にボールが散る可能性が高くなります。後者はフェースの向きが一定になり方向性が安定しそうですが、失敗すると右にボールが飛んでしまったりスピン量が多い打球が出ます。

日本で一般的な手首をロールさせるリリース

手首を一切返さないホールドオフ

手首はロールさせず、左手甲側に折る

手首の使い方について、さらに続けます。

ローポイント・コントロールを考慮した指導で多く採用されているのは、**インパクト以降、腕の振りに合わせて左手首が甲側に折れていくリリースです**。ただし、あくまでもインパクト以降、クラブヘッドの遠心力によって左手首が甲側に折られるイメージであり、自分から積極的に折っていくことはしません。

手首をロールしないこのリリースならば、スクエア・トゥ・アークを保ったままヘッドをリリースすることになります。目標に対してのフェース向きが返る度合いを小さくすることができるので、インパクトの再現性がより高くなり、方向性が高まるのです。

また、ホールドオフしたときのように入射角が急角度にならず、ゆるやかな角度でヘッドがインパクトを迎えることができるようになるため、スピン量も安定します。

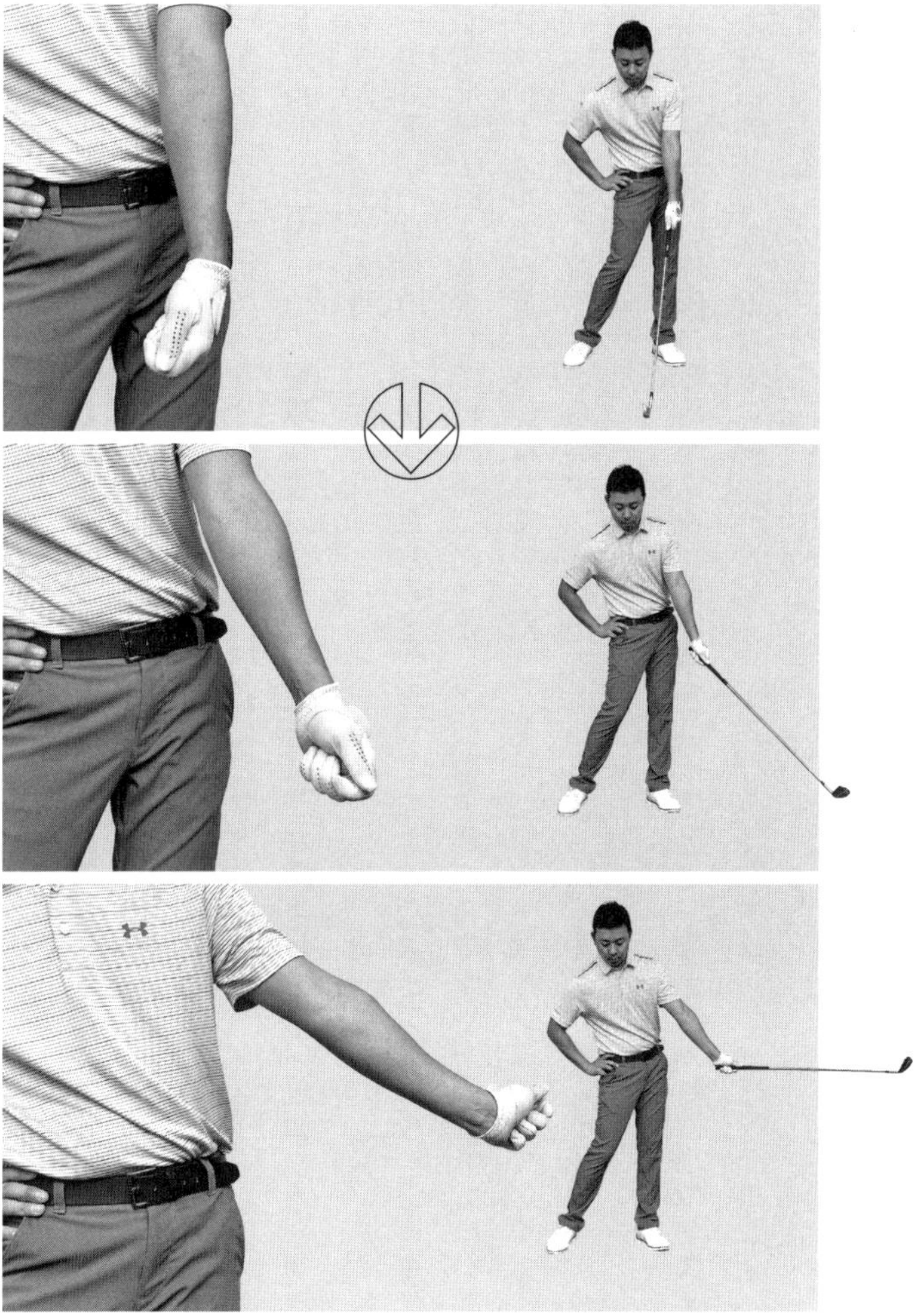

インパクト以降腕の振りに合わせて左手首が甲側に折れて、ヘッドをリリースしていく動き。フェース向きの変化をゆるやかにし、適切な入射角がつくれるため打球が安定する

P7以降もハンズインでプレーンが安定する

左手首を甲側に折るリリースの方法と同時に、フォローでもハンズインができると、P8からP9において、**飛球線後方から見たときに、左肩よりも低い位置からシャフトが抜けていくようになます**。

実は近年の世界のトッププロたちの多くが、このようなスイングになっています。それが新飛球法則を考慮して組み立てたスイングの動きだからです。かつてもてはやされた、フォロースルーを遠くへ伸ばしていったり、とくにアウトサイドに抜いていくような軌道では、このような位置からシャフトが抜けていきません。それはインサイド・アウト軌道だからです。

肩よりも低い位置からシャフトが抜けるということは、考えてみればバックスイング側と左右対称です。つまりこのほうが、スイングプレーンをよりニュートラルに近づけることができるのです。

○

P9でクラブは両肩を結ぶラインと平行になって、左肩より低い位置から抜けてくる。目標に向かってニュートラルなプレーンで振っているからだ

×

インサイド・アウトのプレーンでフェースを返す打ち方（左）やホールドオフの打ち方（右）でのP9のポジションはまったく違う形になる

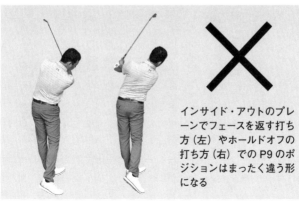

P10＝フィニッシュ　最新型は手が左肩の高さ

P10はフィニッシュです。特筆すべき点はP9からの当然の帰結ですが、手の位置が低い形になります。P9でも説明したように、スイングプレーンの向きをニュートラルにするためトップと対称的な形になるのです。**目安は、手が左肩と同じ高さになっていること**。

ボールの曲がり方はフェースの向きとクラブパスの角度の差で決まりますが、曲がり幅はその差の大きさで決まります。理想としては、フェースの向きとクラブパスをともにターゲットに対してニュートラル（0度）に近づけたいのですが、**クラブパスをコントロールする方法としてインパクト以降にハンズインの方向に手を抜いていき、フィニッシュで手元が低くなるよう振ることがシンプルです。**

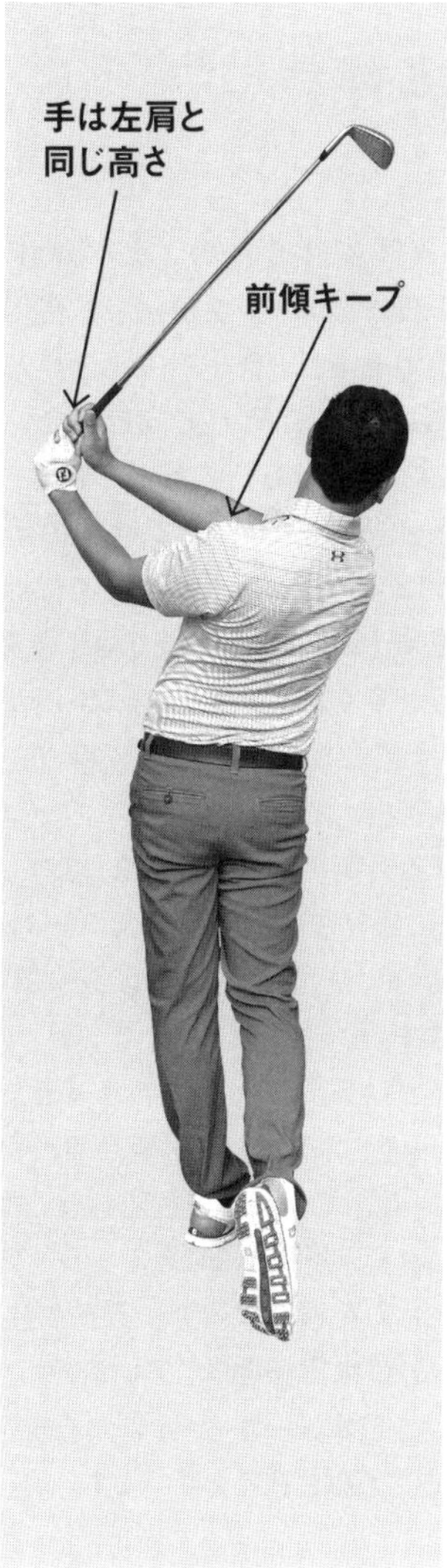
手は左肩と
同じ高さ
前傾キープ

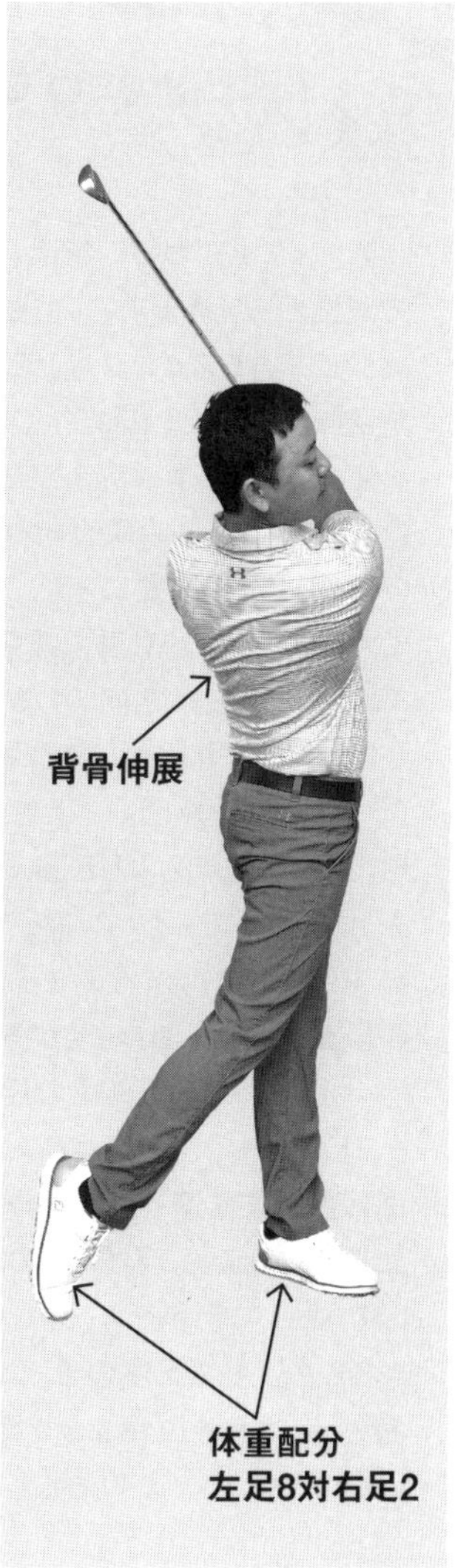
背骨伸展
体重配分
左足8対右足2

ニューヨークから一言

スイングが変わると道具も変わる

スイングが変わってくると、当然スイング中のクラブの動き方が変わってきます。従来の日本のスイングから、本書で紹介しているスイングへと変化させると、シャフトのしなり方が変わります。それはシャフトにかかる負荷の方向と度合いが変わることによって起こります。たとえば、これまで手首を返していくタイプのスイングだったとすると、スイング中の手の位置は高い位置にきて、かつ良いショットを打つためにはインサイド・アウトに振り抜く必要がありました。そのようなスイングをすると縦方向のしなりが多くなる負荷がシャフトにかかります。それに対して本書で紹介しているタイプのスイング（手の位置が低く、手首を返さないモデル）では、シャフトには横方向のしなりが多くなる負荷のかかり方になります。さらに、フォローをハンズインに振り抜くことによってシャフトの先端まで負荷が移動する度合いが増えますから、シャフトの挙動がまるで変わっていきます。

シャフトにかかる負荷の度合いが変わると、フィットするシャフトのスペックが変わり、シャフトのスペックが変わると今度は弾道を最適化するためのヘッドのデザインも変わってきます。このようにスイングのパターンが変わることで、シャフトやヘッドのデザインも新しいものを創造するアイデアが生まれます。私は日本のモノづくりが世界一と信じているので、海外メーカーを圧倒するクラブを日本メーカーさんにつくっていただきたいし、そのお役に立てればとも考えています。

PART 4

ローポイント・コントロール
Low Point Control

旧理論から切り替える人に必要な修正ポイント

アドレスでのフェースの開き具合を身につける

ここからは、ローポイントをコントロールするスイングを身につける際に障害となるであろうことを克服するドリルや、さらなる補足説明をしていこうと思います。

まず、最初に皆さんが違和感を抱くのは、「フェースを開いて構える（p96-97）」という点ではないでしょうか。どれだけフェースを開けばいいかわからないと戸惑っている方もいらっしゃると思います。フェースの開き具合の目安を説明しましょう。

各クラブに適したボール位置を確認し、ボールをセットしたら、左足カカトからボールに向かって棒を置いてください。この棒のラインとクラブのスコアラインが平行になるように。これがフェースを開く目安です。

ボールを打ち、**目標に対して少し右にボールが打ち出されれば、適切な開き方です。**ローポイントの手前でボールに当たっているので、フェースが少し右を向いてインパクトしているため、右に出るのが正解なのです。

もし、目標に対して真っすぐ打ち出されたらフェースをもう少し開いてください。また、大きく右に打ち出されたならば少し閉じて調整します。

注意点は、クラブごとに適切な位置にボールを置き、素直な動きをしやすい状態にしておくことです。この段階では、ボールが右に出ることが重要であり、打ち出されたボールが目標方向に戻ってくるドローボールになっているかどうかは、次の課題としてください。

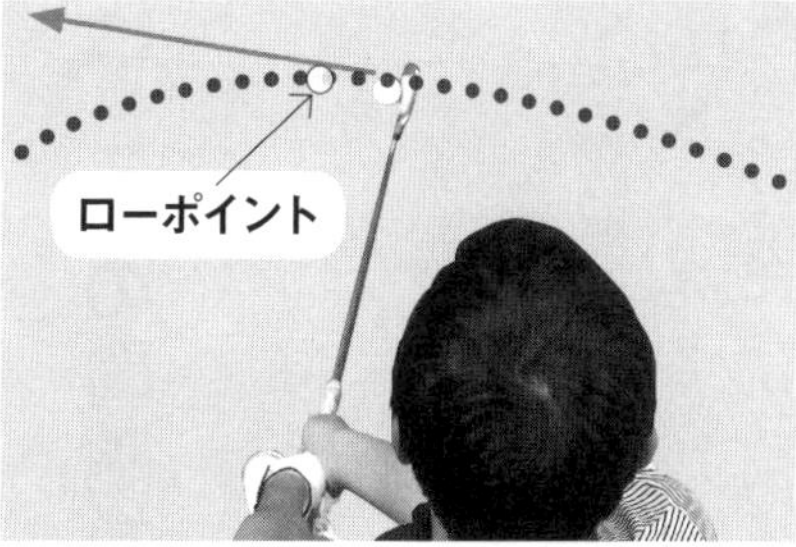

フェースはローポイントで目標に向く。フェースはボールの位置では右を向いているため打ち出し方向は右となる

ボールを適切な位置に置き、左カカトからボールに向けて棒を置く。このラインとスコアラインを平行にすると、フェースを正しい向きで構えられる

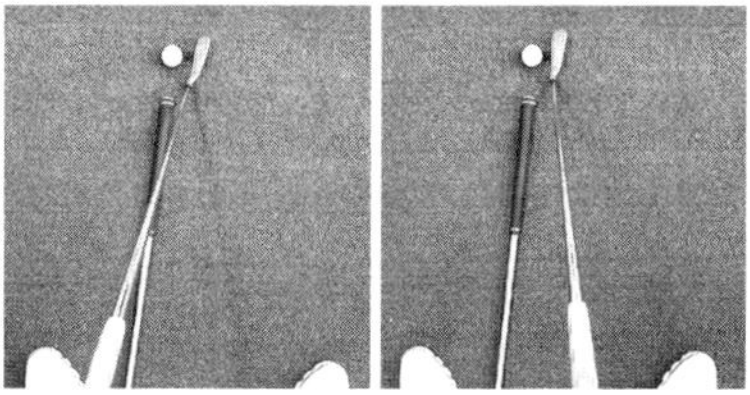

ボールが右に出すぎる場合は、フェースは開きすぎているので少し閉じる（左）。目標に真っすぐ打ち出されるようなら、もう少し開く（右）

オーバースイングはヒジの間隔を狭く保てば直る

多くのゴルファーがオーバースイングで悩んでいます。この状態になると、ローポイントはコントロールしきれなくなります。クラブパスも、入射角も、フェースの向きすらも意図からはかけ離れたインパクトになってしまいます。

しかし、**オーバースイングは驚くほど簡単に直すことができるのです。その方法は、両ヒジの間隔を狭く保ちながらクラブを振り上げるということだけ。**

オーバースイングのゴルファーのほとんどは、プロに比べトップでの両ヒジの間隔が広くなっています。ヒジの間隔が開くと、ヒジが曲がり、必要以上にトップが深くなりすぎてしまうのです。それに加え、両前腕のねじれ量が増えるため、必要以上にフェースを開きながらスイングすることになり、ショットのコントロールを悪くしてしまいます。

解決策はとてもシンプルです。バレーボールほどの大きさのボールを両腕に挟み、つぶしながらクラブを振り上げる。ボールをつぶす意識で両ヒジの間隔を狭く保ちながらバックスイングすると、それが自然に関節の可動域を制限するので、思っているよりも腕を振り上げられなくなります。つまり、オーバースイングがそれだけで直っているのです。

腕が振り上がらないと誰でも体幹をもっと回すようになります。腕が振り上がらないのをカラダの回転で補おうとするからですが、それでできあがるのはアメリカのプロに多く見られる「カラダがよく回っているのに腕が上がりすぎていない」バックスイングです。

両ヒジの間隔が広がるとヒジが曲がり、ヘッドの重さで手首も折れてオーバースイングになりやすい

ボールを挟むなどして両ヒジの間隔を狭く保つと、ヒジが折れたり腕がねじれる動きが制限され、簡単にムダな要素のないトップが完成する

チキンウイングもヒジの意識で直せる

フォローで左ヒジが曲がってしまう状態をチキンウイング（手羽先）と言い、多くのゴルファーが直したい症状の一つになっています。スイング中のいろいろな代償動作（ある間違った動作が生じていることに対し、そのつじつまを合わせるために付け加えられた動作）が絡み合ったことにより起こっている症状なのですが、**これもスイング中の両ヒジの間隔が広くなることが最大の原因です。**

オーバースイングを修正するときと同様ですが、今度はアドレスからトップ、そしてダウンスイングからフォローまで両ヒジで挟んだボールをつぶし続けながらスイングしてください。それができれば、フォローで左ヒジが曲がる動きはなくなっているはずです。

両ヒジを締めながらスイングするのはかなりむずかしい動作なので、フィニッシュまで締め続ける必要はありませんが、フォロースルーのP9までは締め続けられるよう、トライしてみてください。

インパクト前後から左ヒジが引ける動きも、ヒジの間隔を狭く保つ意識がないことが原因

ボールを両ヒジ、あるいは前腕で挟んだままダウンスイング。ヒジを締めることで、ヒジが曲がる動きが制限され、その代わりにカラダの回転が促進されて、チキンウイングも修正される

インパクトで腰が回りすぎるのは右カカトを踏んで直す

日本では一時期「腰を切るように切り返せ」というダウンスイングがはやりました。しかし、ダウンスイングで腰単体が早く回転すると、胴・肩・腕・クラブが連動できなくなってしまい、スピードとパワーの両面でロスしてしまう可能性があります。

スピードとパワーをロスしないスイング、つまり、**胴・肩・腕・クラブを連動させたスイングをつくるためには、ダウンスイングで腰を回すタイミング**

インパクトで右カカトが高く上がっているのも、インパクトで腰が回りすぎているパターンの一例。これでは脚の力を効率良くインパクトに加えることができない

とその回し方を正しくマスターすることがポイントになります。

右カカトで何かを踏み、アドレスからフィニッシュ直前までそれをつぶしながらスイングしてみましょう。

フィニッシュまで踏み続けるのは、逆にダウンスイングでカラダの各部が動く順番をめちゃくちゃにしてしまう可能性がありますから、フィニッシュでは右足をめくってください。これで、フォローまで右足が少ししかめくれない動きになり、腰の回りすぎが解消され、全身が効率良く連動した動きになります。

ダウンスイングからフォロースルーの途中（Ｐ８ないしＰ９）まで右足のカカトで地面を踏んでいる感覚をもつことで、腰の回りすぎを抑えられ、インパクトのエネルギーとスピードを最大化できる

ベタ足より効率の良い足の使い方Ⅱ
カカトは少しだけ浮かす

「軸のブレを抑えるには、ベタ足がいい」とお考えでしょうか。それですべてのクラブを打てるのであれば問題ありませんが、多くの場合そうはいきません。

ベタ足でスイングするゴルファーには、ウッド類が苦手という傾向があります。ベタ足でスイングすると、腕の筋力でスイングするしかなくなるからです。ドライバーなどのウッド類は「軽い・長い・しなる」の三拍子がそろっています。バックスイングから切り返しを腕の力だけでクラブを振り下ろそうとすると、シャフトに負荷がかかりすぎ、シャフトが暴れてしまうため、フェースコントロールができなくなってしまうのです。仮にシャフトの硬さや剛性分布がその負荷に合っていて、フェースコントロールのタイミングが奇跡的に合ったとしても、ヘッドの入射角度が適切でなくなっているはずなので当たるけど飛ばないことが多くなります。

これを直すには、前項の「腰の回りすぎ」の矯正ドリルを補完する内容にもなるのですが、**フォローで右足カカトが少し浮くようにする練習が効果的です。**

しっかりバックスイングをとり、70パーセントほどの力加減でP9の位置でクラブをピタッと止めるようにスイングしてみましょう。やってみるとわかりますが、このポジションでフォローを止めるのはとてもむずかしいものです。遠心力でクラブがカラダを引っ張るからです。この遠心力を利用して踏んでいた右足カカトを少し浮かしたフォローの形をつくります。

完全なベタ足で振ろうとすると、腕の力に頼らざるを得ないため、シャフトに負荷をかけすぎることになる。フェアウェイウッドではとくにインパクトゾーンでのヘッドの挙動が安定しなくなる

正しい足の動かし方に慣れてきたら、P9で止めずにP10まで振り抜けるようにしていく

フォロースルーで腕が地面と平行になるポジション（P9）で止める。ここで働く遠心力に対し、右カカトを少し浮かす程度の足の動かし方で対抗する。それが正しい足の使い方になる

フィニッシュまでいかない場合も正しい足の使い方で直る

前項の「右カカトが少しだけ浮く」足の使い方をすると、もっと大きな効果が現れます。

おもしろいことに、**フォローで右足カカトを少しだけめくれる程度に抑えると、自然とインパクト後の骨盤や肩の回転が大きくなっていくのです。**これまで回転しきった大きく安定感のあるフィニッシュがとれなかった人は、右足の使い方に原因が

カラダの捻転を十分に使ってダウンスイングできれば、シャフトにかかる過度な負荷が小さくなり、ヘッドの挙動が安定し、ショットの精度が高まる。右足カカトの動きが悪い場合が多いが、この練習で改善できる

あった可能性が高いことになります。

そして、十分なカラダの回転がともなったダウンスイングができるようになると、シャフトへの負荷が小さくなります。余計なシャフトのしなりが抑えられるようになり、ショットの精度が飛躍的に高まっていきます。

ボールなし／ボールありでP9までのこの練習を続け、慣れてきたら右足をめくりP10、つまり完全なフィニッシュまでいくようにしましょう。最終的にフィニッシュまでのスイングの流れができれば、腕振りスイングからカラダの回転をともなったスイングに矯正されているはずです。

カカトの浮きを少しに抑えると、P9をつくるためにはカラダを回していかざるを得ない。そこからP10に向かってカカトをめくっていく

シャフトクロスはフォローの振り抜きが修正のカギ

アマチュアからプロまで、トップでシャフトが飛球線と交差してしまう「シャフトクロス」に悩んでいます。どうしてもオンプレーンのトップがつくれないと悩み、仮にそれができたとしても、ボールをコントロールできなくなるケースが多いのです。

シャフトクロスを引き起こす原因の一つに、クラブを振り抜く方向があります。旧弾道法則に基づき、多くのゴルファーがインサイド・アウト軌道でスイングすればいいと思い込んでいますが、実はシャフトク

フォロースルーをインサイド・アウトへ振り抜くイメージが、シャフトクロスのトップをつくっている側面がある

ロスのトップは、この軌道で振り抜きやすくするためのポジショニングなのです。

これに対し、本書で紹介したハンズイン方向にクラブを振り抜こうとした場合はどうなるでしょうか。試してみるとわかりますが、シャフトクロスした状態からフォローでハンズインをするようにスイングすると大きな負荷がかかるために、シャフトがねじれるなどクラブは暴れます。ところが、**オンプレーンなトップからハンズインにクラブを振り抜こうとすれば、クラブはスムーズに動いてくれます**。海外のプロにオンプレーンのトップが多い理由は、このポジショニングからのほうがクラブを振り抜きやすいからなのです。

インサイド・イン軌道

フォロースルーでもハンズイン方向に動かし、インサイド・イン軌道の振り抜きをイメージすると、トップでシャフトがクロスしなくなる

右手首と指を脱力することで上げる軌道も下ろす軌道も良くなる

シャフトクロスの原因には、もう一つ大きなものがあります。シャフトクロスしているゴルファーのほとんどは、トップで右手首や指に力が入りすぎているのです。この力を抜いてみましょう。**右手首や指の力を抜くと、ヘッドの重さでシャフトは自然とシャフトプレーンと平行なところまで落ちていくことがわかると思います。**

多くのゴルファーはこの位置で力を抜くと、クラブヘッドの重さを支えられないと感じ、クラブの下に手を潜り込ませて支えようとします。しかし、クラブは本来斜め下に振るものなので、ここで右手首や指の力は必要ないのです。

試していただきたいのですが、力を抜いたつもりでもうまくいかないという場合は、もっとおおげさに手首の力を抜いてください。左下の写真のようにクラブヘッドを手の位置よりも低い位置に落とす感覚です。脱力しながらこのトップをつくったら、ゆったりとしたテンポでダウンスイングします。**今まで経験したことのない軌道でクラブを振り下ろ**

す感覚になりますが、それが正解です。

これに慣れてきたら、同じゆったりとしたテンポで実際にボールを打ってみます。7番アイアンで男性なら転がって80ヤード程度、女性なら50ヤードくらい飛べばOKです。最初は当たらなくても少しずつ当たるようになっていきます。正しい軌道で下ろすときのカラダの動きを、ゆっくり打ちながら定着させるのです。このトップに慣れて当たるようになってきたら、スピードとパワーを少しずつ上げていってください。

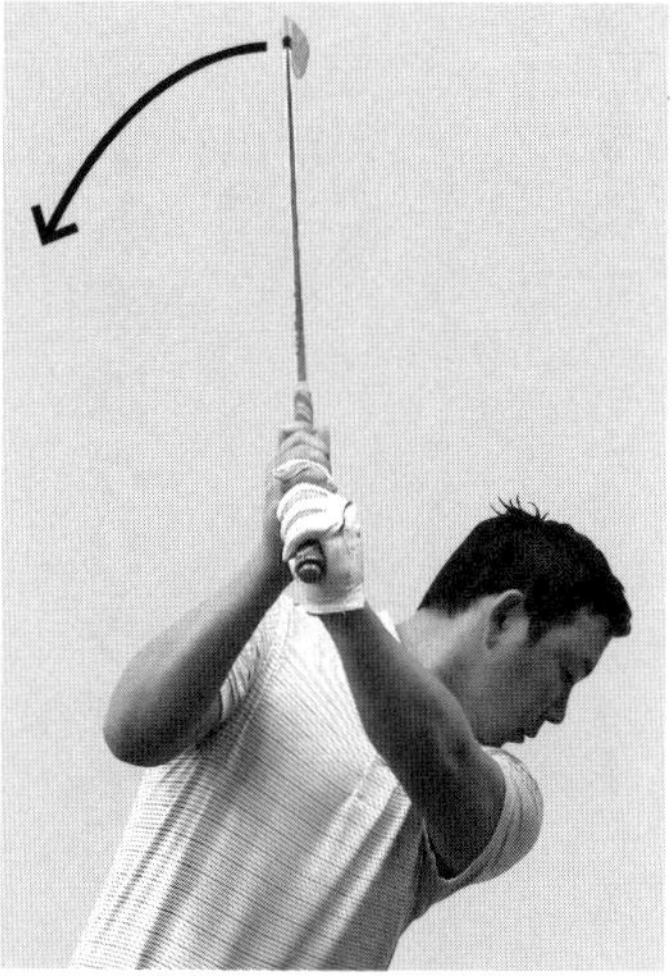

両ヒジの間隔を狭めておき、トップで右手首や指の力を抜くと、ヘッドの重さでクラブは自然とシャフトプレーンと平行になるポジションに落ちていく。この形をつくってからゆっくり振り下ろしてボールを打ってみよう

右手首の力を抜き、手よりヘッドを低い位置に落としてから、ゆっくりダウンスイングをしてボールを打つ。うまく打てるようになったらスピードを上げていく

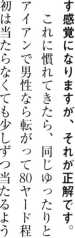

ミート率はグリップエンドの軌道を意識すれば良くなる

ミート率の向上に課題を抱えるゴルファーも多いと思います。かなりクイックなテンポでスイングしていたり、ハンドファーストでインパクトしようとしている人に多いと思います。トップからインパクトにかけての手の軌道を確認してみましょう。

スイングアークにも最下点があるように、グリップエンドの軌道にも最下点があります。**自然にスイングすれば、グリップエンドの最下点は右ヒザあたり**になりますが、先に挙げた例ではそれが左ヒザの前あたりになってしまいます。トップからインパクトまで、手が最短距離を通るためです。その結果、フェースをインパクトでスクエアに向け

右手を開いてグリップにあてがってスイングすると、ヘッドがインパクトへ下りてくるタイミングがそろうようになり、ミート率が向上する

るための時間がなくなってしまうがゆえに、ミート率が悪くなるのです。

右手を遠回りさせてみましょう。

右手をグリップせず、手を開いたままグリップ側面に添えて構え、バックスイングしてください。そこから腕とクラブを重力に任せて振り下ろし、そのままゆったりとフォロースルーをとります。

ポイントは、いかにダウンスイングで力を入れないか。

これでボールを打ってみると、力が抜けているとボールはゆったりと真っすぐ飛んでいきます。しかし、力が入ると早くダウンスイングしてしまうためインパクトでフェースをスクエアに戻せずボールが右に飛んでしまいます。

全体的にゆったりしたテンポでボールを打てるようになったらグリップを元に戻し、同じようなテンポでボールを打つことに慣れていってください。

×

ハンドファーストのインパクトをイメージすると、グリップエンドがトップから直線的に下りてくるため、グリップエンドの最下点は左ヒザの前あたりにズレてしまう

○

右手に力を入れずに振れば、自然にグリップエンドの最下点は右ヒザの位置あたりになる。そのためには、トップからここまで円い軌道を描いて下りてくるようにする

グリップの中でクラブがズレる人は「V字」を締める

スイングもきれいで、テンポもいい。でもなぜかうまくミートできないというゴルファーがいます。データ分析してもクラブはオンプレーンに振れていて、フェースもアークに対してスクエアに保てているのに……。探っていくと、動画や画像では小さすぎて判別できないことが原因だったりします。

その一つにグリップがあります。たとえば、指と指の間に隙間がありすぎる人は、切り返しの直後などにグリップがズレてしまうことが多くなりますが、このような問題はカメラなどの分析ではチェックしきれないものです。

手の中でグリップが動いているかどうかのチェックには、静的なものと動的なものの二つがあります。

静的なチェックは、グリップ時に両手の親指の付け根と人さし指の付け根のV字の部分に隙間があるかどうか、動的なチェックは、フィニッシュ時にクラブを支えられずに手首

が**「砕けてしまっている」**かどうか**（ヘッドが垂れ下がってしまった状態）**です。

まず、下の写真のように両手の親指の付け根と人さし指の付け根に隙間をつぶしてください。そして、その隙間をつぶしたままクラブを握ります。隙間があるのとないのとでは、クラブを握ったときの安定感がかなり違うことがわかると思います。安定すれば、フィニッシュで手首は「砕けない」で支えられる（ヘッドが高い位置でも支えられている）はずです。

フィニッシュで手首が「砕けた」状態。クラブの重さを支えきれず、ヘッドが垂れ下がっている

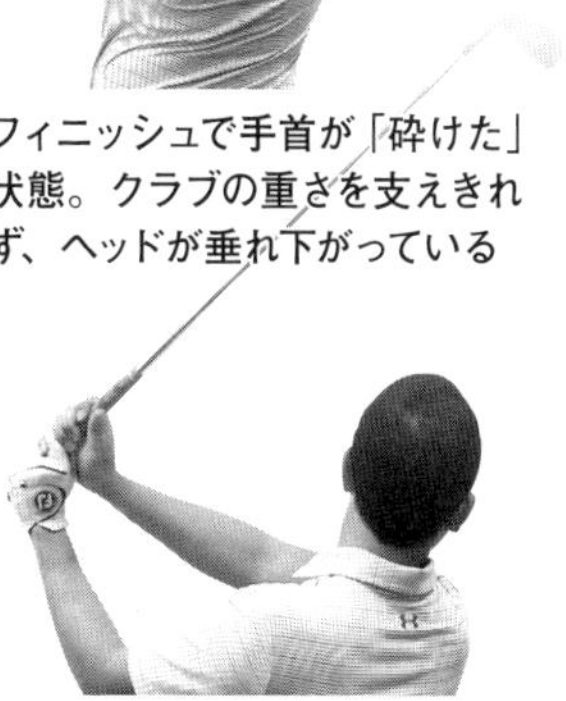

フィニッシュで手首が「砕けていない」状態。この形ができていれば、クラブの重さを支えるために力は必要ない

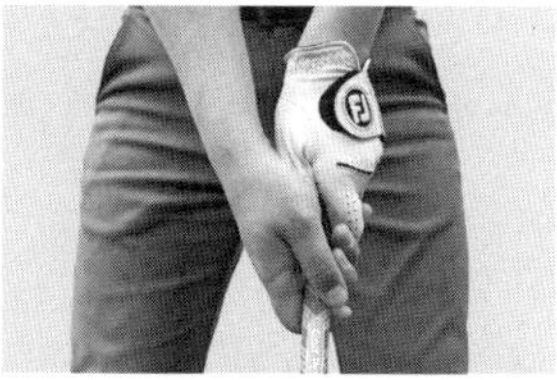

親指と人さし指の付け根部分でつくるV字が開いていると、クラブの重さを支えるのに不利。それによって余計な力が必要となったり、クラブがグリップの中でズレてしまう

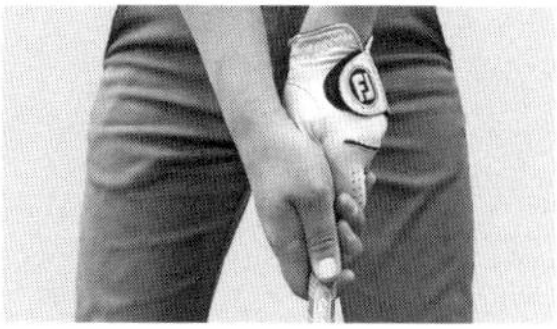

親指と人さし指の付け根のV字を締めると、クラブの重さを自然に支えられ、正しい手首の状態をつくれる

やわらかシャフトで適切なラグ（タメ）をつくる

タメと呼ばれる動きは、アメリカでは「ラグ」と表現されます。タイムラグと同じで「ズレ」とか「遅れ」という意味です。結果的にできているというニュアンスが強いですね。

P5で適度なラグ、つまりカラダの動きに対してクラブが遅れた状態ができていてほしいのですが、これを身につけるためにいちばん簡単な方法が、やわらかいシャフトでスイングすることです。

日本ではゆっくりとクラブを振り上げ、トップで一呼吸おき、そこからクイックにフィニッシュまでスイングする人が多いのですが、**実はこのようなスイングはせっかくバックスイングでつくられたシャフトのしなりを逃してしまい、ラグも適度につくることができません**。そこで、バックスイングで生じているシャフトのしなりをうまく使う感覚を身につけるために、しなりを感じさせてくれる、やわらかいシャフトを使うのです。

早すぎず・遅すぎずのテンポで、スッ、スッとスイングしてみましょう。トップから切り返しのタイミングというのは、まだ振り上げている最中のクラブを手や腕で引き下ろす感覚になります。ここで、シャフトの手元部分に負荷がかかるのでシャフトがしなり、その結果適度なラグが生まれるのです。

適度なラグができたら、後はシャフトのしなり戻りを利用して自然にリリースすれば、インパクトでフェースを向けたい方向に向けやすくもなります。

クラブがまだバックスイングの方向に動いているタイミングでダウンスイングを始めるからこのようにシャフトがしなる

ハンズインの手の軌道を適切に整える

バックスイングもハンズインで、切り返しでも、インパクト後もハンズインが望ましい動きです。この、バックスイング時とダウンスイング時の手の軌道を整えるいちばん簡単な方法を紹介しましょう。

左の写真の位置に棒を配置し、この棒にギリギリ当たらないように気をつけながらバックスイングとダウンスイングをしてみましょう。「ギリギリ当たらないように」という理由は、棒に絶対に当たらないようにスイングすると、ダウンスイングからフォローにかけて過度なインサイド・アウト軌道によりプレーンが右を向いてしまうからです。そうすると、ローポイントがボールの手前に移動するなど余計な問題が起こってしまいます。

キャディバックや練習場のカゴなどにアラインメントスティックなどを引っかけて振っていただけたらと思います。写真のように誰かに棒を持ってもらうのはかなり危険なので（フィニッシュの形が適切でなければ棒を持っている人やその棒自体に当たってしまう可能性があります）、インストラクター以外はやらないようにしてください。

カラダの右側でシャフトプレーンとほぼ平行に棒を立てておく方法（上）と、カラダの正面でシャフトプレーンとほぼ平行に棒を立てておく方法（下）がある

おわりに

今回、実業之日本社から本書を出版する機会を与えていただき、とてもありがたく思います。本書はアメリカのプロフェッショナルたちが考えていることの一部分を「ローポイント・コントロール」という切り口で私なりにまとめて紹介しましたが、本書を通して彼らが今、考えていることと、日本の現時点の常識との違いを日本のみなさまに知っていただけたら幸いです。

今までたくさん練習してきたのに、なぜフォームが良くならないのか。自分なりに良いフォームが身についたと思っているのに、なぜコースで結果が出せないのか。こんなふうに悩んでいる方が多いと思いますが、その理由がなんとなくわかったと感じていただけたらうれしいです。

がんばってきたのにうまくいかなかったのは、あなたのせいではありません。つじつまの合わないことをしていたからうまくいかなかったというだけです。

プロもアマチュアも関係なく、ゴルフで結果を出せずに苦しんでいる人がいたらSwingnatural.comまでご連絡いただけたらと思います。スイングだけでしたらオンラインでもある程度は取り組めますし、私が日本に帰るタイミングでレッスンを受けに来ていただくことも可能です。逆にニューヨークにいらっしゃる機会があれば、ぜひお声がけいただけたらと思います。ゴルフは上達のむずかしいスポーツですが、がんばったらがんばったぶんだけの報酬が獲得されるべきです。努力したら努力しただけ、目標に近づくような取り組みを共にしていきましょう。

最後に、この場を借りてアメリカと日本にいる仲間たちに感謝の言葉を送らせていただきます。アメリカの仲間たちには、今まで完膚なきまでに私を叩きのめしてくれたことを感謝しています。あなたたちに認められよう、いつか追いついて抜かしてやろうという気持ちがあったので、これまでがんばってこれました。あなたたちが私に優しく教えてくれていたら、私はここまで必死に勉強しなかったでしょう。プロフェッショナルとは何かを教えてくださり、ありがとうございます。そして日本の仲間たちには、私のような未熟者を訪ねてきてくださってありがとうございました。ずっと一人で戦ってきて辛かったけれど、日本に仲間がいるという思いでがんばってこれました。これからもみんなで日本のゴルフが強く、楽しくなるように切磋琢磨していきましょう。

私の夢は、海外生活で日本人であることを誇りに思わせてくれた日本という国に育てていただいた恩を、ゴルフという形で返すことです。日本でゴルフを楽しめる人が増えるように、これからも精進していきます。ここまでお読みいただきありがとうございました。

宮崎太輝

著　者　**宮崎太輝**（みやざき・たいき）

ゴルフティーチング・プロフェッショナル
ゴルフ部に在籍していた大学時代に渡米し、日本とはまったく違う高効率・高確率のスイング理論を目の当たりにして衝撃を受ける。その後、ニューヨーク市立大学大学院で運動学習を学び、並行して行っていたスイング研究に応用し理論を確立、ティーチングプロとなる。現在はニューヨークを拠点に世界トップクラスのコーチ、研究者らと親交を結び、最新のゴルフ理論を日夜研究。日米双方でのレッスン活動に生かし、プロアマ問わず数多くのゴルファーを指導する。1985年生まれ。

ホームページ　Swingnatural.com

ワッグルゴルフブック

ローポイント・コントロール

2018年12月25日　初版第1刷発行
2023年 7 月31日　初版第3刷発行

著　者…………………宮崎太輝
発行者…………………岩野裕一
発行所…………………株式会社実業之日本社
〒107-0062 東京都港区南青山6-6-22 emergence 2
電話（編集）03-6809-0473
（販売）03-6809-0495
ホームページ………https://www.j-n.co.jp/
印刷・製本…………大日本印刷株式会社

ISBN978-4-408-33792-0（書籍出版）